मैजिक फॉर चिल्ड्रन

(बच्चों के लिए जादू)

मेरे गुरु एवं मार्ग-निर्देशक

ज्ञानपीठ पुरस्कार प्राप्त

कला-प्रपूर्ण

पद्मश्री डॉ. सी. नारायण रेड्डी

को

समर्पित

मैजिक फॉर चिल्ड्रन
(बच्चों के लिए जादू)

लेखक

जादूरत्न

पो. बी.वी. पट्टाभिराम

जादूगर-सम्मोहन विद्-पत्रकार

अनुवादक

अविनाश बंदे

वी एण्ड एस पब्लिशर्स

प्रकाशक

वी एण्ड एस पब्लिशर्स

F-2/16, अंसारी रोड, दरियागंज, नई दिल्ली-110002

☎ 23240026, 23240027 • फैक्स: 011-23240028

E-mail: info@vspublishers.com • *Website:* www.vspublishers.com

क्षेत्रीय कार्यालय : हैदराबाद

5-1-707/1, ब्रिज भवन (सेन्ट्रल बैंक ऑफ इण्डिया लेन के पास)

बैंक स्ट्रीट, कोटी, हैदराबाद-500 095

☎ 040-24737290

E-mail: vspublishershyd@gmail.com

शाखा : मुम्बई

जयवंत इंडस्ट्रिअल इस्टेट, 1st फ्लोर-108, तारदेव रोड

अपोजिट सोबो सेन्ट्रल, मुम्बई - 400 034

☎ 022-23510736

E-mail: vspublishersmum@gmail.com

फ़ॉलो करें:

© **कॉपीराइट:** वी एण्ड एस पब्लिशर्स

ISBN 978-93-814480-6-9

संस्करण 2018

DISCLAIMER

इस पुस्तक में सटीक समय पर जानकारी उपलब्ध कराने का हर संभव प्रयास किया गया है। पुस्तक में संभावित त्रुटियों के लिए लेखक और प्रकाशक किसी भी प्रकार से जिम्मेदार नहीं होंगे। पुस्तक में प्रदान की गयी पाठ्य सामग्रियों की व्यापकता या सम्पूर्णता के लिए लेखक या प्रकाशक किसी प्रकार की वारंटी नहीं देते हैं।

पुस्तक में प्रदान की गयी सभी सामग्रियों को व्यावसायिक मार्गदर्शन के तहत सरल बनाया गया है। किसी भी प्रकार के उद्धरण या अतिरिक्त जानकारी के स्रोत के रूप में किसी संगठन या वेबसाइट के उल्लेखों का लेखक या प्रकाशक समर्थन नहीं करता है। यह भी संभव है कि पुस्तक के प्रकाशन के दौरान उद्धृत बेवसाइट हटा दी गयी हो।

इस पुस्तक में उल्लिखित विशेषज्ञ के राय का उपयोग करने का परिणाम लेखक और प्रकाशक के नियंत्रण से हटकर पाठक की परिस्थितियों और कारकों पर पूरी तरह निर्भर करेगा।

पुस्तक में दिये गये विचारों को आजमाने से पूर्व किसी विशेषज्ञ से सलाह लेना आवश्यक है। पाठक पुस्तक को पढ़ने से उत्पन्न कारकों के लिए पाठक स्वयं पूर्ण रूप से जिम्मेदार समझा जायेगा।

उचित मार्गदर्शन के लिए पुस्तक को माता-पिता एवं अभिभावक की निगरानी में पढ़ने की सलाह दी जाती है। इस पुस्तक के खरीददार स्वयं इसमें दिये गये सामग्रियों और जानकारी के उपयोग के लिए सम्पूर्ण जिम्मेदारी स्वीकार करते हैं। इस पुस्तक की सम्पूर्ण सामग्री का कॉपीराइट लेखक/प्रकाशक के पास रहेगा। कवर डिजाइन, टेक्स्ट या चित्रों का किसी भी प्रकार का उल्लंघन किसी इकाई द्वारा किसी भी रूप में कानूनी कार्रवाई को आमंत्रित करेगा और इसके परिणामों के लिए जिम्मेदार समझा जायेगा।

मुद्रक: रेप्रो नॉलेजकास्ट लिमीटेड, ठाणे

प्रस्तावना

रंगमंच पर प्रस्तुत की जाने वाली प्राचीनतम कलाओं में से एक जादूगरी है। आज यह कला जिस स्तर पर पहुंची है, वह सदियों से इसकी प्रस्तुति और शैली में हो रहे परिवर्तनों का विकसित रूप है।

पुराने जमाने के तांत्रिक, जादू-टोना करने वाले तथा आदिवासियों के सरदार किसी- न-किसी रूप में जादू के सिद्धान्तों का प्रयोग करते रहे हैं, चाहे वे अपनी सत्ता बनाए रखने के लिए हों या अपनी प्रजा में भय उत्पन्न करने के लिए या फिर उनको मारने या उनका इलाज करने के लिए। प्रत्येक स्थिति में उनका उद्देश्य अपनी अलौकिक शक्ति के प्रदर्शन से लोगों को प्रभावित करना था, जबकि वास्तव में ये अलौकिक नहीं, बल्कि साधारण और प्राकृतिक क्रियाएं थीं।

समय बदलने के साथ-साथ जादूगरी को सामाजिक मान्यता प्राप्त हुई तथा यह मनोरंजन का एक सम्माननीय साधन बन गई। इसमें बेहतरीन मनोरंजन के सभी तत्त्व मौजूद हैं, जैसे-रहस्य और चमत्कार, विनोद और आमोद, स्वप्न साकार कर असंभव को संभव बनाना आदि।

चित्रपट के आविष्कार के बाद जादू के रंगारंग कार्यक्रम पिछड़ गए। विश्वभर में रंगमंच पर बड़े पैमाने पर दिखाए जाने वाले जादू के खेल लुप्तप्राय हो गए, क्योंकि रजतपट पर अधिक असंभव करामात दिखाना सरल हो गया। तब ऐसी काल्पनिक चीजें दिखाई जाने लगीं, जो यथार्थ जीवन में संभव नहीं हैं।

आज वीडियो की प्रचुरता के कारण चित्रपट (सिनेमा) भी अपनी महत्ता खो रहा है और दर्शक दुबारा रंगमंच की ओर आकर्षित हो रहा है। किसी भी अन्य मनोरंजन से अधिक विविधता और नवीनता जादू में है। चाहे कोई दोस्तों के बीच अनौपचारिक माहौल में शौकिया जादू की चालें दिखा रहा हो या बड़े रंगमंच पर बड़े पैमाने पर खेल दिखा रहा हो, यदि करिश्मे कुशलता से दिखाए गए हों, तो मनोरंजन के किसी भी अन्य माध्यम की अपेक्षा जादू अधिक प्रभावित करेगा। मनोरंजन की दुनिया में इस समय जादूगर सिगफ्राइड एवं रॉय लोगों को सबसे अधिक आकर्षित कर रहे हैं और महीने में लाखों डॉलर कमाने की क्षमता रखते हैं।

नवोदित जादूगरों के लिए इस कला का समुचित ज्ञान आवश्यक है। जादूगरी के सिद्धान्त तथा करिश्मे मानव-ज्ञान के हर क्षेत्र को छूते हैं, चाहे वह गणित हो या भौतिक शास्त्र या रसायन शास्त्र, चाहे जीव विज्ञान हो या मनोविज्ञान या फिर विज्ञान के अत्याधुनिक आविष्कार हों।

इस ज्ञान को सिखाने के लिए अच्छे गुरु का होना आवश्यक है। 'इंडियन एक्सप्रेस' में श्री पट्टाभि राम की एक लेखमाला प्रकाशित की गई थी, जिसमें उन्होंने जादू के कुछ गुर सिखाए थे। उन्होंने एक पुस्तक 'मैजिक फॉर फन' भी लिखी है, जो इस क्षेत्र में आने वाले किसी भी नवोदित कलाकार के लिए एक अत्युत्तम पुस्तक है।

अब वह एक और पुस्तक 'मैजिक फॉर चिल्ड्रन' का प्रकाशन करा रहे हैं, जिससे इस मनमोहक कला के और भी नये पहलू सीखे जा सकेंगे।

आपने चाहे दोस्तों की महफिल को आनंदित बनाने के उद्देश्य से जादूगरी सीखनी आरंभ की हो या आप व्यावसायिक जादूगर हों, जो नये-नये और तुरन्त किए जाने वाले प्रयोग सीखना चाहते हों, वे इस पुस्तक में कुछ-न-कुछ अमूल्य अवश्य पाएंगे।

व्यावसायिक जादूगरों में एक आम धारणा है कि यदि कोई व्यक्ति किसी पुस्तक की सहायता से जादू की एक चाल भी सीख सके, तो समझ लो कि पुस्तक का मूल्य वसूल हो गया। मुझे विश्वास है कि इस पुस्तक के हर पाठक को यही महसूस होगा कि यह अपने मूल्य से कई गुणा अधिक उपयोगी है। मनोरंजन मुबारक हो!

सैम दलाल

(जादुई वस्तुओं के विक्रेता तथा जादूगर) 25, मीलियौड स्ट्रीट, कलकत्ता - 700017

जी हाँ ! आप जादूगर हैं।

यह पुस्तक लिखने का प्रथम उद्देश्य जादूगरी की महान कला के प्रति अन्ध-विश्वासों को दूरकर लोगों में वैज्ञानिक विचारों को प्रस्फुटित करना है, क्योंकि अभी तक जादूगरी को एक ऐसा रहस्यमय खेल समझा जाता था, जो केवल अलौकिक शक्ति प्राप्त तंत्र-विद्या, जादू-टोना और इन्द्रजाल के जानकारों द्वारा ही संभव था। अब लोग यह बात समझ गए हैं कि जादूगरी किसी भी अवस्था में जादू-टोना, भूत-प्रेत, तंत्र-मंत्र एवं झाड़-फूँक से जुड़ी नहीं है, वह काल्पनिक और निर्मूल है।

प्रत्येक पृष्ठ पर चित्र के नीचे दिए गए रासायनिक सिद्धान्त झाड़-फूँक वालों के करिश्मों की पोल खोलने में सक्षम हैं।

भुलावे में डालने की कला है जादू, जो अन्य किसी भी कला से पीछे नहीं है। अन्य कलाओं की भाँति इसने भी इस शताब्दी में भारत में बहुत उन्नति की है। नये-नये अभूतपूर्व करिश्मे खोज निकाले गए। साथ ही, सुधरे हुए नये तरीकों का भी आविष्कार हुआ। 'मैजिक फॉर चिल्ड्रन' को इस प्रकार बनाया गया है कि आपको नवीनतम सिद्धान्तों का ब्योरा मिल सके और आप नवीन चालें सीख सकें।

जाने-माने इंजीनियर-जादूगर तथा जादूगरी की वस्तुओं के विक्रेता श्री सैम दलाल की प्रस्तावना के लिए मैं उनका आभारी हूँ। 'इंडियन एक्सप्रेस' के प्रति भी मैं आभार व्यक्त करता हूँ, जिसने 'वीकएण्ड' पत्रिका में हर सप्ताह इन चालों को प्रकाशित किया था। मैं इस पुस्तक के प्रकाशक को भी धन्यवाद देना चाहता हूँ, जिन्होंन इतने खूबसूरत ढंग से यह पुस्तक प्रकाशित की है। क्यों न हो, यह उनका जादू है!

अंतत: मैं अपने डाकिए का भी शुक्रगुजार हूँ जो मेरे जादू के सैकड़ों चहेते पाठकों के पत्र मुझ तक स्मित-हास्य सहित पहुंचाता है। उसने वादा किया है कि वह हमेशा हँसमुख रहेगा। इसीलिए मेरे दोस्तों, पत्र लिखने में मत झिझकिए। आपकी राय और सलाह मेरे लिए अमूल्य होगी।

अच्छा, चलिए! जादू का समय हो चला है।

- डॉ बी.वी. पट्टाभीराम
प्रबंधक
प्रसान्थी काउंसलिंग एण्ड
एच.आर.डी. सेंटर

विषय-सूची

1. उल्टी-पुल्टी माचिस
2. गणित भूलभुलैयां
3. हैंकी-पैंकी
4. अचूक भविष्यवाणी
5. छड़ी जो खड़ी
6. चालबाज अंक
7. नहले पर दहला
8. गिलास, जो गिरे नहीं
9. डिब्बी में बन्द उंगली
10. नाचती बोतल
11. जादुई माचिस
12. पीने वाला पी गया
13. किनारे-किनारे
14. कार्बन-करिश्मा
15. अद्भुत रेत
16. कटा, पर साबुत रहा
17. उंगलियों पर नाचते पत्ते
18. अद्भुत भविष्यवाणी
19. वैदिक चमत्कार
20. जादुई आम रस
21. इक्के ही इक्के
22. राख से नोट
23. टेलीफोन टेलीपैथी
24. लुप्त हुआ सिक्का
25. पैनी चाल
26. रहस्यमयी जादुई छड़ी
27. भेदिए पत्ते
28. रानियां राजा बनीं
29. विज्ञान नहीं, जादू है
30. अंकों का इन्द्रजाल
31. लाल रंग या काला ?
32. रंग बदलने वाला गुब्बारा
33. मदारी का जादू
34. पत्ता कट गया
35. हास्य-जादू बनाम 'फनच्यूरिंग'
36. गुनगुनाती छुरी
37. हाथ की सफाई
38. एक पत्ता, दो चेहरे
39. फर्स्ट ऐड मैचबॉक्स
40. ओह ! भूल हो गई
41. जादू की टॉफियां
42. मीठा-मीठा जादू
43. मन आपका, खेल हमारा
44. गिलीगिली
45. जैसे को तैसा
46. बटनहोल का गुलाब
47. सारे इक्के आपके लिए
48. खोया हुआ इक्का
49. नकाब के पीछे
50. अदृश्य पत्ता
51. नाम करे काम

जादूगरी के कुछ नियम - विनियम

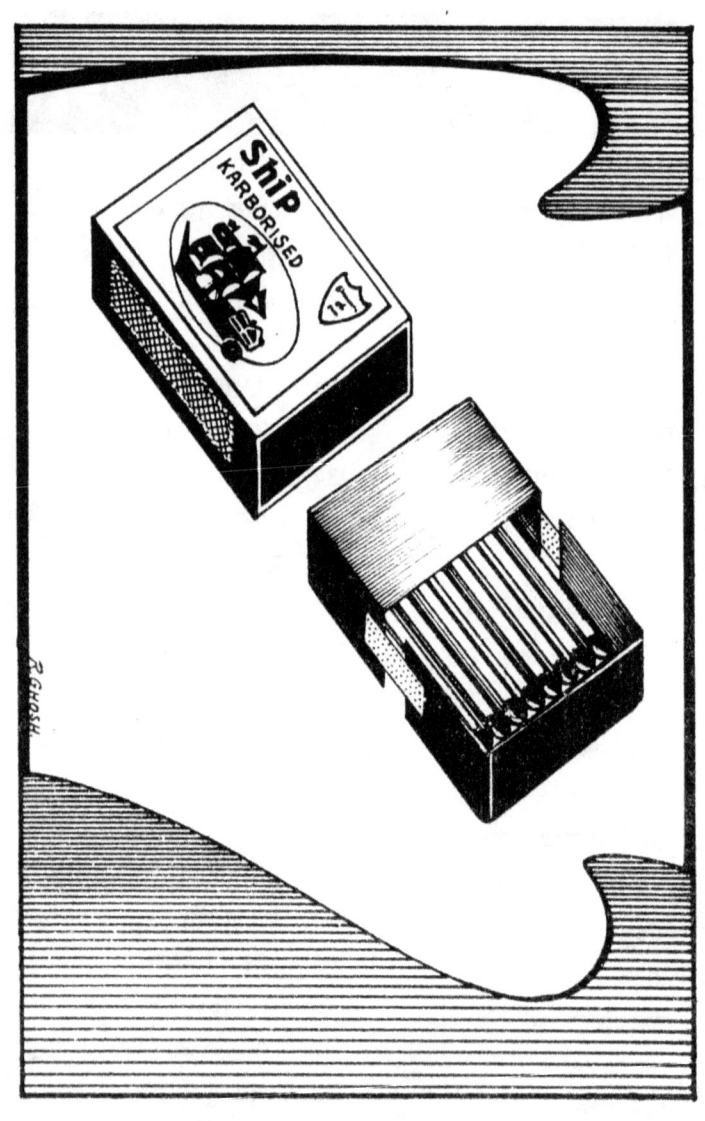

सादे पानी में अंडा डालने पर वह डूब जाता है, परंतु नमक मिले पानी में वह तैरता रहेगा।

उल्टी-पुल्टी माचिस

सामग्री: एक माचिस की डिबिया, ब्लेड व सेलोटेप।

जादू: दोस्तों की महफिल में जादू की चालों में यह चाल सबसे अधिक लोकप्रिय है। चूंकि माचिस हर घर में उपलब्ध होती है। अतः इससे कई जादुई करिश्मे आसानी से दिखाए जा सकते हैं।

एक सामान्य माचिस की डिबिया लीजिए। इसे एक ओर से आधा इंच खोलकर मेज पर रख दीजिए। दर्शक देखेगा कि डिबिया भरी है। अब डिबिया बंद करके इसे चार-पांच बार घुमाइए और पूछिए, "माचिस का कौन-सा भाग ऊपर है?"

माचिस पर लेबल लगा होने से उसके ऊपरी भाग का अंदाजा हो जाता है। यदि दर्शक कहें कि डिबिया उल्टी है; तो उसे खोलकर उन्हें तीलियां दिखा दें। यदि वे कहें कि ऊपरी हिस्सा ही ऊपर है, तो डिबिया खोलकर उन्हें दिखा दें कि माचिस तो उल्टी है। ऐसा आप कई बार कर सकते हैं। हर बार दर्शक मात खाएंगे और सही बताने में विफल रहेंगे।

रहस्य: इस जादू के खेल के लिए आपको पहले से ही तैयारी करनी पड़ती है। माचिस की डिबिया में से उसकी ट्रे निकालकर खाली कर लें। फिर ट्रे को ब्लेड से दो भागों में काटिए। अब आधे भाग को उल्टा व दूसरे को सीधा रखें और दोनों को सेलोटेप से जोड़ लें। फिर सारी तीलियां दुबारा उसमें भर दें। डिबिया बन्द कर लें। अब आप चमत्कार दिखा सकते हैं। ध्यान रहे – डिबिया केवल एक इंच ही खोलें, इससे अधिक नहीं।

मुर्गी की हड्डी को लचीला बनाने के लिए उसे दो दिन तक तेज सिरके में डुबोकर रख दें।

गणित भूलभुलैयां

2

सामग्री: एक श्याम-पट्ट (ब्लैक-बोर्ड) व चॉक।

जादू: आधुनिक जगत् में जादू के दो प्रकार हैं - वास्तविक तथा काल्पनिक। ऑक्सफोर्ड डिक्शनरी (शब्दकोश) के अनुसार, जादू नाटकीय कला भी है और जादू-टोना भी। वैसे, जादू एक यथार्थ कला है, जबकि जादू-टोना काल्पनिक भय है। जादू-टोना करने वाले कई करिश्मे दिखाकर लोगों में अपनी अलौकिक शक्ति की धाक जमाते हैं।

अब एक पुरातन चाल देखिए, जो चेहरा पढ़ने की कला जानने वाले किया करते थे। यह खेल स्कूल की कक्षा में बखूबी खेला जा सकता है। खेल आरंभ करने से पूर्व कागज के एक टुकड़े पर कुछ लिखकर दर्शकों में से किसी एक को पकड़ा दें। अब दर्शकों में से एक को बुलाकर कहें कि वह ब्लैक-बोर्ड पर अपनी आयु और उसके नीचे जन्म-वर्ष लिखे। फिर दूसरे दर्शक से कहें कि वह आकर किसी एक महत्त्वपूर्ण घटना जैसे - स्वतंत्रता दिवस, गणतंत्र दिवस आदि का वर्ष बोर्ड पर लिखे। उस महत्त्वपूर्ण घटना के वर्ष के बाद से अब तक जितने वर्ष बीते हैं, वह लिखे। अब इन सब अंकों का जोड़ निकालें। जब बोर्ड का जोड़ वही होगा, जो आपने खेल शुरू होने से पूर्व कागज पर लिखकर एक दर्शक को दिया था।

रहस्य: यह जादुई चाल गणित के इस सरल सिद्धान्त पर आधारित है कि किसी भी व्यक्ति की आयु और उसके जन्म-वर्ष का जोड़ वर्तमान वर्ष के बराबर आएगा। इसी प्रकार किसी घटना का वर्ष तथा उस घटना के बाद से अब तक बीते वर्षों का जोड़ भी वर्तमान वर्ष जितना होगा। अब इन सबका जोड़ वर्तमान वर्ष से दुगुना होगा। उदाहरणत: लड़के की आयु है 10 वर्ष, उसका जन्म-वर्ष है 1982 । इनका जोड़ होगा 1992 (जो अभी चल रहा है)। इसी प्रकार जो घटना 1950 में घटी, उस समय से अब तक 42 वर्ष बीत चुके हैं। इन दोनों का जोड़ भी 1992 है। अत: कुल जोड़ बना 1992 + 1992 = 3984 । यही अंक आप कागज के टुकड़े पर लिखकर पहले ही किसी दर्शक को पकड़ा चुके हैं। इस खेल का करिश्मा आपकी वाक्पटुता पर निर्भर करता है। ■■

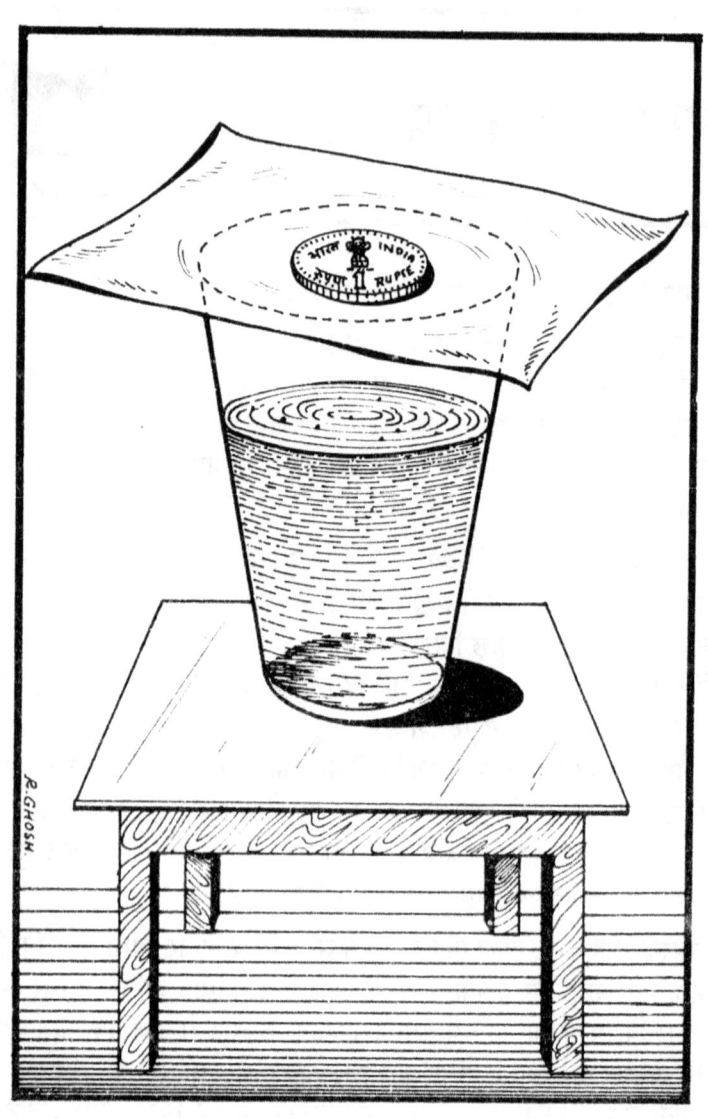

यदि आप 'लायकोपोडियम पाउडर' मला अपना हाथ पानी में डालेंगे तो पानी से बाहर निकालने पर वह पूरी तरह सूखा रहेगा।

हैंकी-पैंकी

सामग्री: पानी से भरा एक गिलास, कागज, सिक्का और माचिस की डिबिया।

जादू: मसखरा (Jocker) जब कोई छोटी-मोटी जादुई करामात कर दर्शकों को हँसाता है, तो उस विशिष्ट कला को अंग्रेजी में हैंकी-पैंकी (Hanky-Panky) कहते हैं। ऐसी ही एक करामात प्रस्तुत है, जो आप अपने घर पर ही दिखा सकते हैं।

पानी से भरे एक गिलास को मेज पर रखिए। उसके ऊपर एक साधारण कागज का टुकड़ा रख दीजिए और कागज के बीचोंबीच एक सिक्का रख दीजिए।

अब अपने मित्रों को चुनौती दीजिए कि गिलास, कागज या सिक्का छुए बिना सिक्के को पानी में गिराकर दिखाएं। निश्चित है कि यह कोई कर नहीं पाएगा। अब उनसे कहिए कि वे अगर किसी वस्तु का प्रयोग कर सिक्का गिरा सकते हैं, पर शर्त यह है कि वह वस्तु भी गिलास, कागज या सिक्के को छू न पाए। निश्चिंत रहिए, कोई भी व्यक्ति यह चुनौती स्वीकार करने का साहस नहीं दिखाएगा।

रहस्य: वास्तव में यह कोई जादू नहीं है, बल्कि एक चतुर पहेली है। जब हर कोई अपनी असमर्थता व्यक्त करेगा, तो आप असंभव को संभव करने के लिए तैयार होंगे। माचिस से कागज जलाइए। कागज जलते ही सिक्का पानी में गिर जाएगा। ध्यान रहे, माचिस की तीली कागज को छूने न पाए। कागज पर उसकी सिर्फ लौ ही लगे।

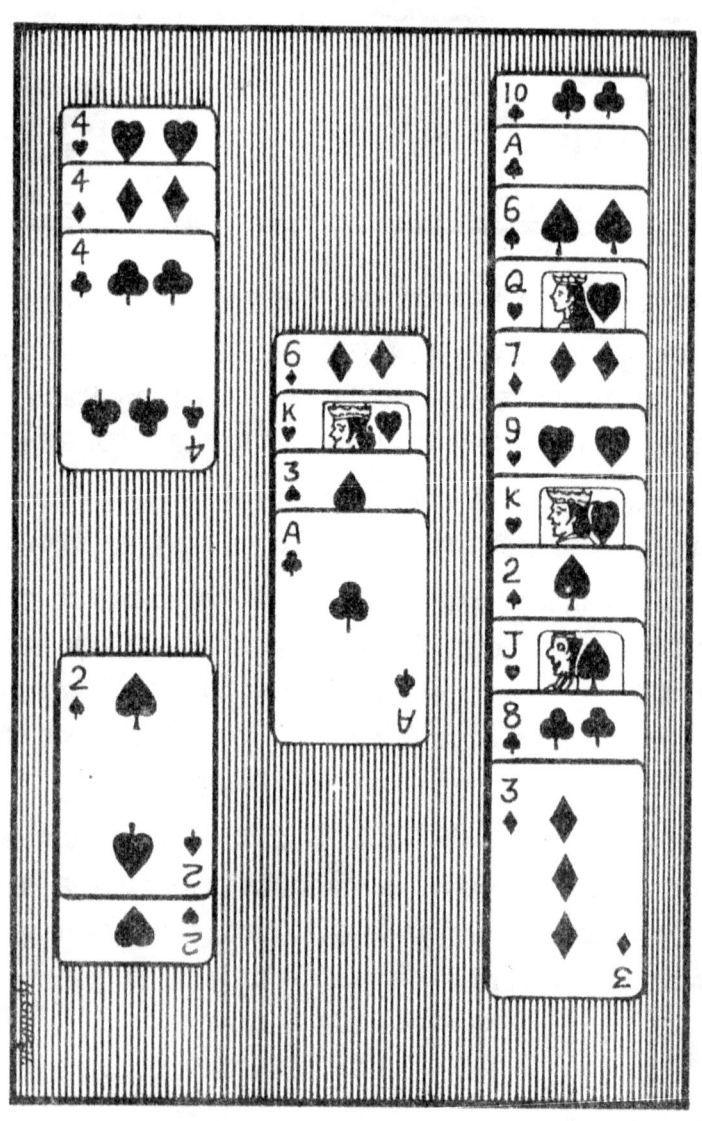

यदि माचिस की तीलियों को 'सोडियम सिलिकेट' के घोल में डुबो दिया जाए, तो वे माचिस पर रगड़ने से तिड़तिड़ाहट की आवाज पैदा करेंगी।

अचूक भविष्यवाणी

4

सामग्री: ताश के पत्तों का सेट (पैक), कागज तथा कलम।

जादू: यह ताश के पत्तों का एक ऐसा जादुई करिश्मा है, जो किसी भी समय किसी भी गड्डी से दिखाया जा सकता है। मस्तिष्क पढ़ने की इस रोचक कला से आप अपने मित्रों को आश्चर्यचकित कर सकते हैं।

ताश का सेट लीजिए, उसे अच्छी तरह फेंटिए और उन्हें चार भागों में बांटकर मेज पर उल्टे रखिए (नंबर नीचे की ओर हों)। कागज का एक टुकड़ा लेकर उसपर अपनी 'भविष्यवाणी' लिखिए और उस कागज की तह करके ऐसे स्थान पर रखिए, जहां वह सबकी नजर में हो।

इन चार भागों को नाम दीजिए - एक, दो, तीन, चार। किसी दर्शक से कहिए कि वह आए और किसी भी सेट पर हाथ रख दे। फिर उससे कहिए कि वह भविष्यवाणी वाला कागज उठाकर, खोलकर पढ़े। उसपर लिखा होगा - "आपने सेट नं. 4 चुना है।" यह सच है।

रहस्य: इस चाल में आप हमेशा ही सच साबित होंगे। इसका कारण यह है कि दर्शक जिस सेट पर हाथ रखेगा, वह 'चार' ही होगा। वस्तुतः आप ताश के पत्तों को चार सेटों में बांटेंगे। पहले सेट में तीन पत्ते रखिए, जिसमें सभी पत्ते चार अंकों वाले हों; दूसरे सेट में दो अंकों वाले दो पत्ते रखिए, तीसरे में चार पत्ते रखिए और चौथे में कोई भी ग्यारह पत्ते। अब देखिए - यदि दर्शक पहला सेट उठाता है तो तीन पत्ते 'चार' अंकों वाले हैं, दूसरे में दो और दो चार, तीसरे में चार पत्ते हैं और चौथे सेट का नाम ही 'चार' है। इस प्रकार आपकी भविष्यवाणी सत्य निकलती है।

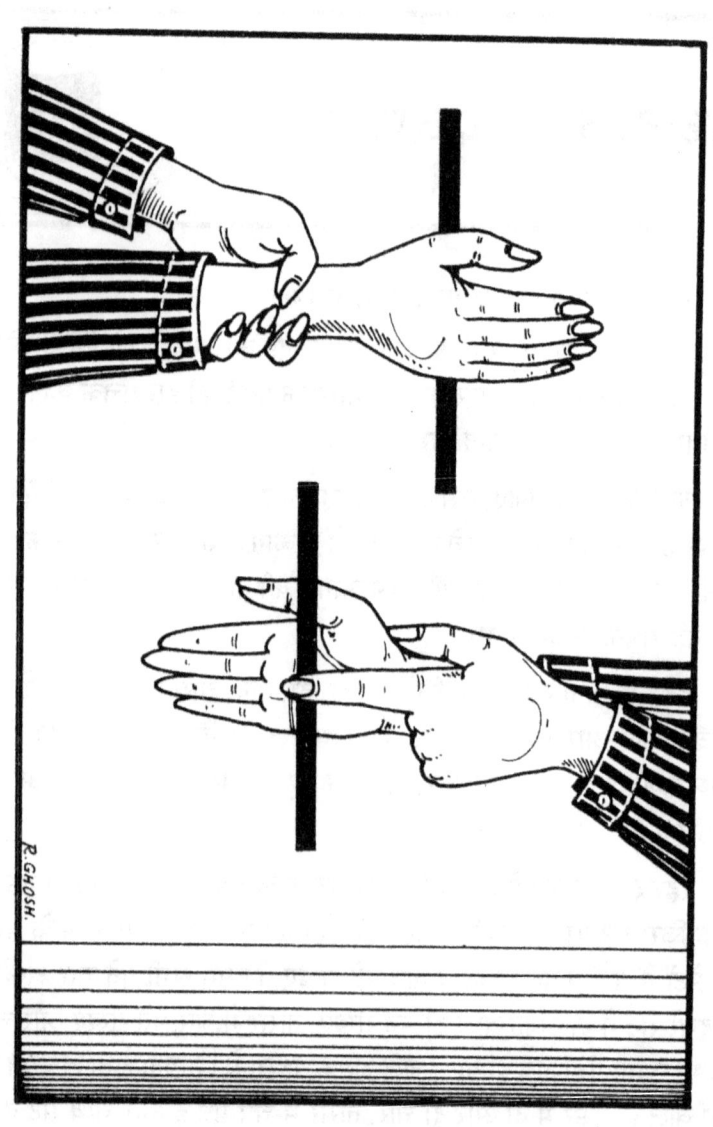

'फिनोप्थालीन अल्कोहल' और 'अमोनिया' को मिलाकर बनाया गया घोल लाल स्याही के समान प्रतीत होगा। यदि आप इससे लिखें, तो लिखाई अदृश्य हो जाएगी।

छड़ी जो खड़ी

5

सामग्री: एक जादुई छड़ी या फुट्टा (स्केल)।

जादू: अमरीका के ओहायो प्रान्त की जॉन कैरोल यूनिवर्सिटी के प्रोफेसर पॅट्रिक ईगान ने कुछ जादुई करिश्मों के उद्‌गम पर अनुसंधान किया है। इनमें से एक करिश्मा वह है, जो चीन के पुरातन भविष्यवेत्ता किया करते थे और जो आप भी कहीं भी, किसी समय भी कर सकते हैं।

छड़ी दर्शकों को जांच के लिए दे दीजिए। उन्हें यह भी दिखा दीजिए कि आपके हाथ साफ और खाली हैं। अब छड़ी लेकर उसे बाईं हथेली पर रखिए और अपने जादुई मंत्र 'गिलीगिली' का उच्चारण कीजिए। अरे, वाह ! आपके दर्शक तालियां बजा रहे हैं, क्योंकि आपकी आड़ी खड़ी हथेली पर छड़ी चिपक गई है और बिना सहारे के खड़ी है। यदि दर्शक चाहें, तो छड़ी उन्हें जांच के लिए दे दें, उसपर कुछ चिपका तो नहीं है ! नहीं।

रहस्य: इस पुरातन चीनी जादू के लिए हथेली या छड़ी पर कोई चिपकाने वाला पदार्थ लगाने की आवश्यकता नहीं होती। केवल दाहिने हाथ से अपनी बाईं कलाई पकड़िए, मानो आप बायें हाथ को दाहिने हाथ से सहारा दे रहे हों। इस बीच अंगूठे के साथ की पहली उंगली (तर्जनी) से छड़ी पकड़कर रखिए। ध्यान रहे, आपके पीछे कोई खड़ा न हो।

■ ■

एक गिलास पानी में एक चम्मच डिटॉल डालकर बनाया गया घोल जादुई प्रयोगों में दूध के स्थान पर इस्तेमाल किया जा सकता है।

चालबाज अंक

6

सामग्री: ब्लैक-बोर्ड व चॉक (अथवा कागज-पेंसिल)।

जादू: जादूगरी में प्रो. पी. सी. सरकार का कथन था कि कोई भी नई चाल हमेशा बच्चों के समक्ष दिखाई जानी चाहिए, क्योंकि बच्चे ईमानदार निर्णायक होते हैं और किसी भी भूल या गलती को निस्संकोच बता देते हैं। बात सही है, परन्तु कभी-कभी बातूनी और शरारती बच्चे जादूगर की एकाग्रता भंग कर देते हैं। ऐसे बच्चे को चुप कराने का एक नुस्खा पेश है।

शरारती लड़के को स्टेज पर बुलाइए और कहिए, "तुम स्मार्ट बालक हो। चतुर भी लगते हो। मुझे विश्वास है कि तुम मेरे प्रश्न का उत्तर दे पाओगे। तो बोलो, हो तैयार?"

बच्चा आत्मविश्वास के साथ कहेगा - "जी हां, अवश्य!"

आपके प्रश्न बिल्कुल सरल हैं। उससे कहिए कि जो-जो अंक आप बताएं, वह उन अंकों को बोर्ड पर लिखे। आप कहिए "पैंतालीस"। वह तुरन्त '45' लिख देगा। अब कहिए "निन्यानवे"। वह '99' लिखेगा। आप उसकी प्रशंसा करेंगे। अब आगे बढ़िए और अपनी गति भी बढ़ाइए "चार सौ चवालीस", "नौ सौ निन्यानवे"। वह ठीक लिखेगा। फिर कहिए "ग्यारह हजार ग्यारह सौ ग्यारह।" वह झट से लिखेगा, 11, 11, 011 या 11, 11, 111 या फिर सोच में पड़ जाएगा। इसपर अन्य बच्चों की हँसी निकल आएगी। शरारती बालक सकपका जाएगा।

रहस्य: वास्तव में यह गुमराह करने की एक चतुर चाल है। जब वह बालक ठीक अंक लिख रहा होगा तो आप उसकी सराहना करेंगे, वह फूला नहीं समाएगा। पर टेढ़े प्रश्न पर वह हड़बड़ा जाएगा। उस अंक को सही इस प्रकार लिखा जाना चाहिए - 12, 111 क्योंकि ग्यारह हजार, ग्यारह सौ ग्यारह कोई अंक ही नहीं है।

मोम के स्थान पर नरम तथा न सूखने वाली 'मॉडलिंग क्ले' (मूर्ति बनाने वाली चिकनी मिट्टी) का इस्तेमाल किया जा सकता है।

नहले पर दहला

7

सामग्री: ताश के पत्तों के दो सेट।

जादू: आपको यह जानकर आश्चर्य होगा कि एक जादूगर ताश के पत्तों से कई प्रकार के करिश्मे दिखा सकता है। ऐसा ही एक करिश्मा अमरीकी जादूगर चार्ल्स विंडली की देन है। आप भी इसे कर सकते हैं।

ताश के दो पत्ते दिखाइए। वे चिड़ी का छक्का और हुकुम का नहला हों, तो बेहतर होगा। इन्हें पत्तों के सेट में अलग-अलग स्थानों पर कहीं भी डाल दें। अब गड्डी पर हाथ फेर कर अपने मंत्र 'गिलीगिली' का उच्चारण कीजिए। अब अपने किसी मित्र से कहिए कि वह पत्तों का सेट जांचे। जांचने पर उसे दोनों पत्ते नज़दीक पड़े मिलेंगे, जिन्हें देखकर वह चकित रह जाएगा।

रहस्य: आम तौर पर हम अपने आसपास की छोटी-छोटी चीजों पर ध्यान नहीं देते। अपने दैनिक जीवन में भी हम बहुत कुछ देखते हैं, परन्तु उनपर गौर नहीं करते। उदाहरण के लिए कागज-पेंसिल लीजिए और निम्नलिखित प्रश्नों के उत्तर लिखिए:

आपके घर में कितने बल्ब लगे हैं?

अपने घर या स्कूल में आपको कितनी सीढ़ियां चढ़नी पड़ती हैं?

आम तौर पर इन या इन जैसे प्रश्नों के उत्तर हम एकदम से नहीं दे पाते, क्योंकि हम इन छोटी-सी चीजों पर ध्यान ही नहीं देते। जादू भी ऐसे कई सिद्धान्तों पर काम करता है।

इस जादू की चाल का असली रहस्य यह है - चिड़ी का छक्का और हुकुम का नहला दिखाकर कहिए, "यह देखें, मेरे पास दो काले पत्ते हैं - एक छः, एक नौ" और पत्तों को ताश के सेट में अलग-अलग स्थानों पर खोंस दें, परन्तु जब आपका मित्र पत्तों में ढूंढ़ेगा, तो उसे दो काले पत्ते साथ-साथ पड़े मिलेंगे, जिन्हें आपने पहले ही रखा होगा, परन्तु यह हुकुम का छक्का और चिड़ी का नहला होगा। आपके मित्र तथा दर्शक पत्तों के रंग तथा उनके अंक तो याद रखेंगे, परन्तु उन्हें उस जोड़े का पूरा ब्योरा कदापि याद नहीं होगा। यही है इसका गुर।

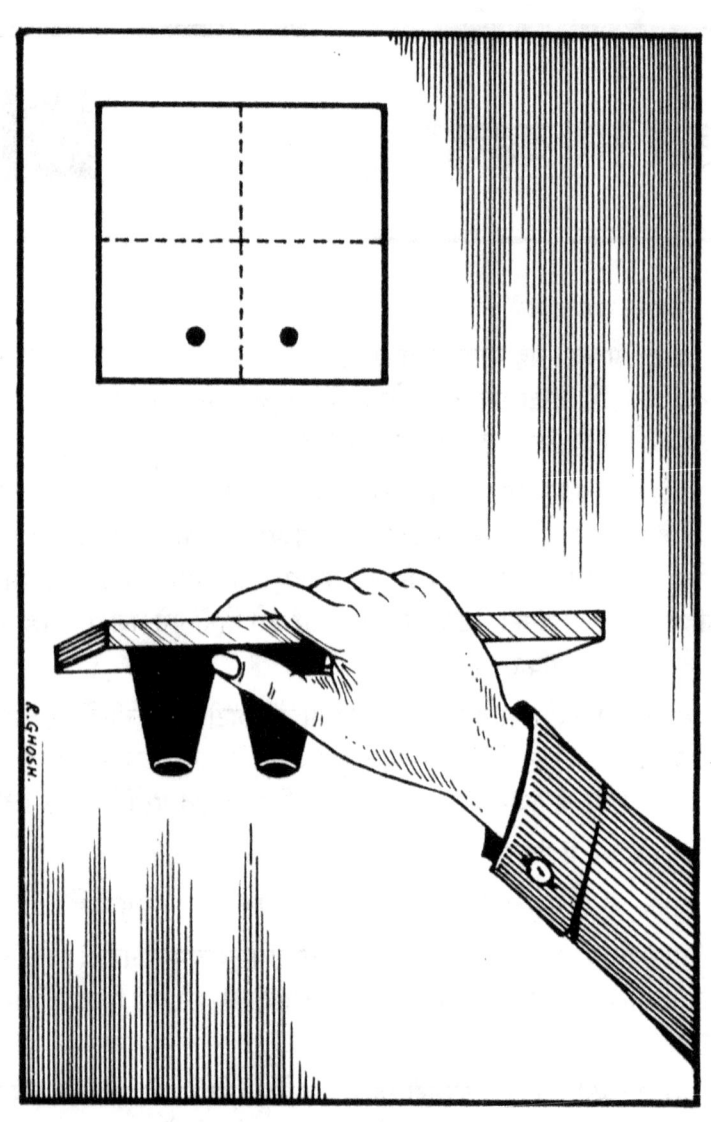

'निकल' प्लेट वाले उपकरणों पर यदि अंडे के दाग पड़े हों, तो नमक मलकर साधारण गर्म पानी से धोने से दाग साफ हो जाते हैं।

गिलास, जो गिरे नहीं

सामग्री: 2 गिलास, 2 मनके, एक रुमाल तथा एक पुस्तक।

जादू: जादू की दुनिया प्रकृति के स्वाभाविक नियमों को उल्टा-पुल्टा करके असंभव को संभव जतला देती है। अब एक प्राचीन जादुई चाल पर गौर कीजिए, जो विज्ञान के गुरुत्वाकर्षण के नियमों के विपरीत होने के कारण वैज्ञानिकों को भी चक्कर में डाल देती है।

दर्शकों को जिल्द वाली एक किताब और एक रुमाल दिखाइए। रुमाल की तह लगाकर उसे पुस्तक पर रखिए, परन्तु रुमाल के कोने पुस्तक के किनारों पर खोंस दीजिए। अब दो गिलास लीजिए और उन्हें रुमाल पर उल्टा रख दीजिए, जैसा कि चित्र में दिखाया गया है। दाहिने हाथ से गिलासों सहित पुस्तक उठा लीजिए और हाथ को घुमाइए। आश्चर्य कि गिलास गिरे नहीं, बल्कि उलटने पर भी पुस्तक से चिपके रहे। इस प्रकार उन्होंने गुरुत्वाकर्षण के नियम को भी चुनौती दे दी।

रहस्य: खेल आरंभ करने से पूर्व दो मनके रुमाल के कोने से एक-चौथाई अन्तर पर सी लें। दोनों मनकों का अन्तर साधारणत: आपके अंगूठे की चौड़ाई जितना हो। जब आप खेल दिखाना आरंभ करें, तब रुमाल की तह इस तरह कीजिए कि मनके आपकी तरफ (अन्दर की ओर) हों और रुमाल के कोने पुस्तक के दोनों ओर खोंसे जाएं। अब गिलास उल्टे करके रुमाल पर रखें। ध्यान रहे कि एक-एक मनका एक-एक गिलास के किनारे के अन्दर के भाग में हो। अब उलटाते समय दोनों गिलासों के बीच अपना अंगूठा फंसा दें ताकि गिलास मनके और अंगूठे के बीच फंसा रहे। अब पुस्तक उलटने पर भी गिलास गिरेंगे नहीं।

■ ■

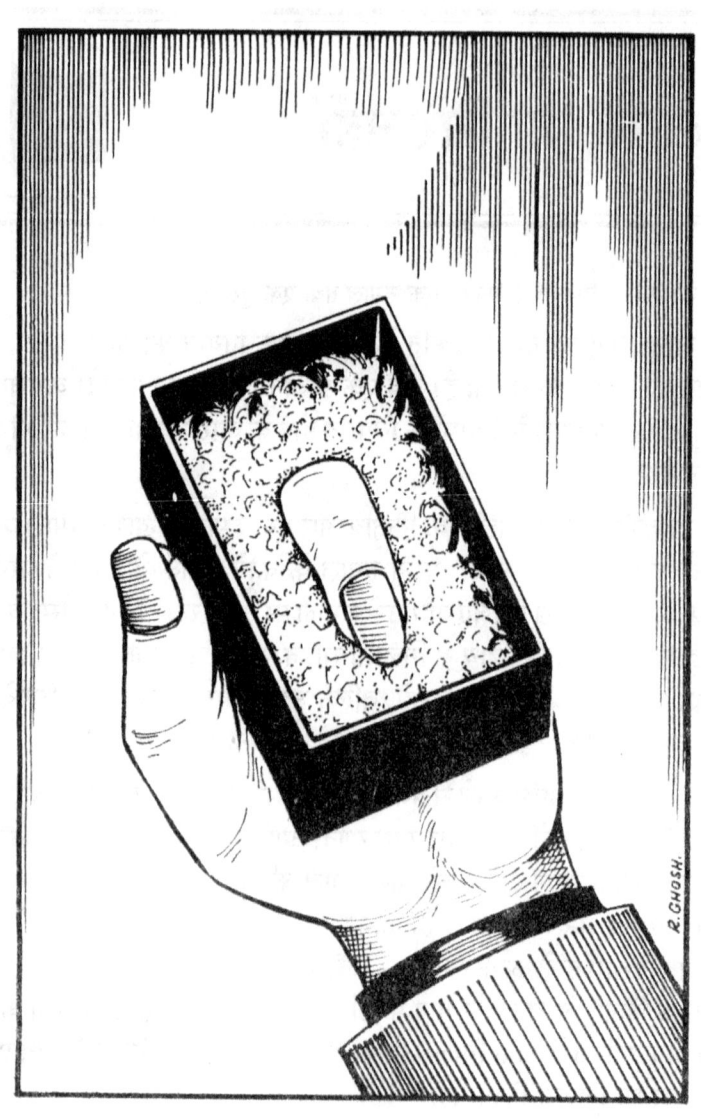

ताश के पत्तों पर लगे दाग मिटाने के लिए उन्हें कपूर के स्पिरिट में डूबे रुई के फाहे से पोंछिए।

डिब्बी में बन्द उंगली

9

सामग्री: एक माचिस की डिब्बी और रुई (अस्पताल में काम में आने वाली)।

जादू: भारत के जाने-माने जादूगर स्व. पी.सी. सरकार द्वारा दिखाई गई यह चाल रोंगटे खड़े करने वाली है। इसे वह ताश के पत्ते के आकार की एक लकड़ी की डिब्बी की सहायता से दिखाया करते थे। एक बार कलकत्ता के महिला समाज में इस करिश्मे को जब उन्होंने दिखाया, तो समाज की अध्यक्षा डर से मूर्छित हो गईं। तब कार्यक्रम एक घंटे के लिए रोकना पड़ा। उसे तभी आरंभ किया गया, जब वह होश में आईं।

यह करिश्मा इस प्रकार है:

दर्शकों को बक्सा या डिब्बी दिखाते हुए घोषणा कीजिए कि अब इस डिबिया में उन्हें एक अद्‌भुत चीज दिखाई जाएगी। अत: वे साहस बनाए रखें और वह दृश्य देखने के लिए तैयार रहें।

दर्शकों का समर्थन मिलते ही डिबिया खोलें, उसमें बिछी रुई के ऊपर मनुष्य की कटी हुई उंगली रखी होगी, जो हिल-डुल रही होगी। इस प्रकार कटी उंगली देखकर दर्शकों के रोंगटे खड़े हो जाएंगे।

रहस्य: यह चाल अत्यन्त सरल है। खेल से पहले डिबिया के बीचोंबीच अपनी बीच की उंगली के आकार का छेद कर लीजिए। ऊपर रुई रखिए और ढक्कन बन्द कर दीजिए। खेल दिखाने से पूर्व डिबिया को बायें हाथ से उठाइए और अपनी बीच की बड़ी उंगली छेद के बीच डाल दीजिए। जब आप ढक्कन खोलेंगे, तो रुई के ऊपर आधी कटी उंगली देखकर दर्शक थर्रा जाएंगे। तब ढक्कन एकदम से बंद कर दीजिए। कोई अचरज नहीं, यदि इस खेल को देखकर लोग चीखें मारने लगें।

■ ■

यदि कपड़े को बोरिक एसिड और बोरेक्स के पानी के मिश्रण में डुबोकर निकाला जाए, तो वह आग नहीं पकड़ेगा।

नाचती बोतल 10

सामग्री: शीशे की लम्बी गर्दन वाली अपारदर्शी बोतल (जार), कपड़े का छोटा गोला या कॉर्क तथा एक मीटर लम्बी डोरी।

जादू: अब हम आपको कलकत्ता के केमिकल इंजीनियर एवं जादूगर सैम दलाल की एक प्रिय जादुई चाल से अवगत कराते हैं। यह सरल करिश्मा थोड़े-से लोगों के बीच बैठकर बिना किसी पूर्व तैयारी के किया जा सकता है। सैम दलाल दर्शकों को एक आम डोरी का टुकड़ा दिखाते हैं। लम्बी गर्दन वाली बोतल लेकर वह उसमें डोरी डालते हैं, परन्तु जब उसे निकालने का प्रयत्न करते हैं, तो बोतल (जार) डोरी से चिपक जाती है। दर्शक बोतल को हिलता देखकर आश्चर्यचकित रह जाते हैं। फिर वह बोतल और डोरी दर्शकों को जांच के लिए दे देते हैं।

रहस्य: यह चाल चलने से पूर्व कॉर्क या गोले को हथेली में छिपा लीजिए, पर बोतल और डोरी दर्शकों को दिखा दीजिए। अब बोतल लेकर कॉर्क या कपड़े का गोला उसमें आसानी से डाल दीजिए और फिर डोरी को उसमें डालिए, ताकि वह नीचे तक पहुंच जाए। अब आप अपने जादुई मंत्र का उच्चारण करते हुए बायें हाथ से बोतल उल्टा कीजिए। दायें हाथ में डोरी पकड़े रखिए। उसे धीरे-धीरे खींचिए, ताकि गोला बोतल की गर्दन में आकर फंस जाए। अब रस्सी को रोक लीजिए। और उसका खिंचाव बरकरार रखते हुए बोतल को सीधा कर लीजिए। बोतल डोरी पर झूलने लगेगी, मानो उसने डोरी को पकड़ रखा हो और निकलने नहीं दे रही हो। यह देखकर आपके दर्शक दंग रह जाएंगे।

■■

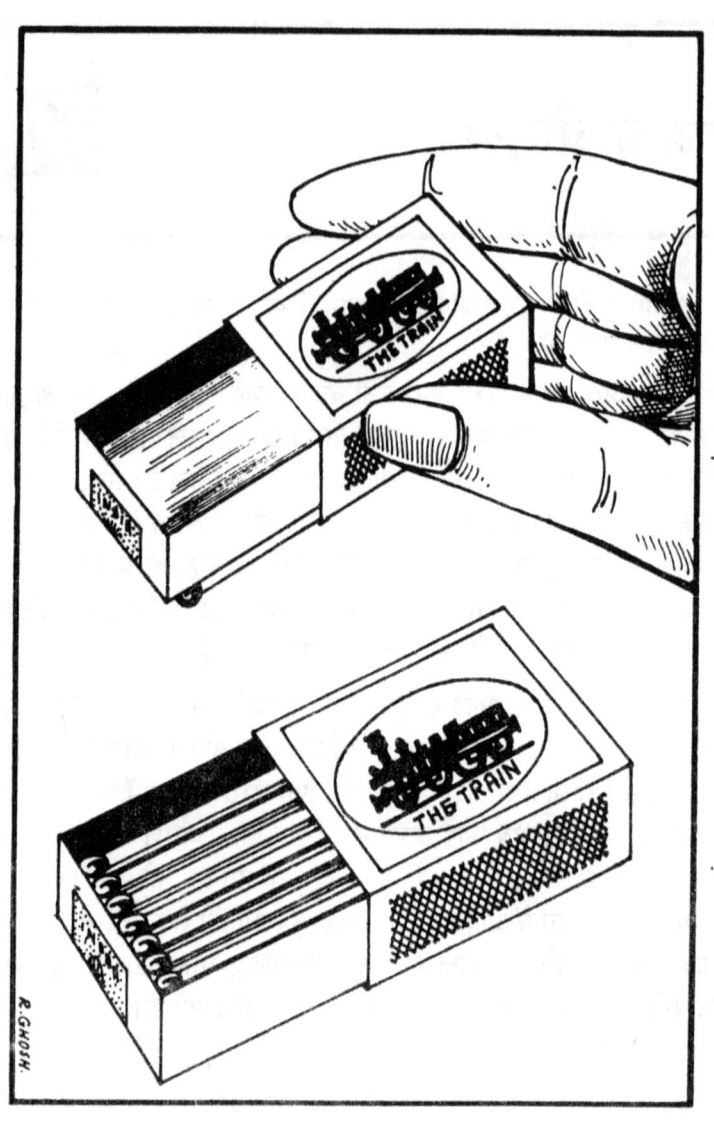

कोबाल्ट क्लोराइड के पानी में यदि रुमाल भिगोया जाए, तो गर्म करने पर वह नीले रंग का हो जाएगा।

जादुई माचिस

11

सामग्री: एक माचिस की डिबिया तथा एक डिबिया का लेबल।

जादू: जादू से संबद्ध विभिन्न पुस्तकों के लिए जादू-जगत् जाने-माने जादूगर तथा लेखक प्रोफेसर हॉफमन का सदैव ऋणी रहेगा। उनकी पुस्तकों 'मॉडर्न मैजिक', 'मोर मैजिक' तथा 'लेटर मैजिक' ने सनसनी फैला दी थी। आज, एक शताब्दी बाद भी, जादूगरी के चाहने वाले इन पुस्तकों से प्रेरणा पाते हैं। प्रोफेसर हॉफमन के चीजें लुप्त करने के खेल और इससे संबंधित नये-नये आविष्कार सराहनीय हैं। इसी प्रकार की एक कला का नमूना यहां पेश है।

इस चाल में जादूगर दर्शकों को माचिस की भरी हुई डिबिया दिखाता है और फिर उसे बंद करके रख देता है। माचिस के ऊपर मंत्र पढ़कर फूंकता है। फिर उसे खोलता है। आश्चर्य! सारी तीलियां लुप्त हो गई हैं। डिबिया खाली है, पर यह हुआ कैसे?

रहस्य: आप भी थोड़ी-सी तैयारी के बाद इस करिश्मे को दिखा सकते हैं। माचिस की डिबिया को खाली करके उसका तला सफाई से निकालकर उसे बीचोंबीच चिपका लीजिए। माचिस की डिब्बी के ऊपर दूसरी तरफ भी पहले भाग जैसा लेबल चिपका दीजिए। अब जब आप तीलियां भरेंगे, तो केवल आधे भाग में। नीचे का आधा भाग खाली होगा। पहली बार माचिस खोलिए भरे भाग की ओर से और दूसरी बार उसे उल्टा खोलिए। यह भाग खाली होगा। दोनों ओर एक जैसे चित्र होने के कारण दर्शक भुलावे में पड़ जाएगा और तीलियां लुप्त करने की आपकी चाल कामयाब हो जाएगी।

■ ■

गिलास में टिंकचर आयोडिन की कुछ बूंदें डालकर उसे सूखने दें। इसमें डाला हुआ पानी शराब जैसा लगेगा।

पीने वाला पी गया

12

सामग्री: दो गिलास तथा फलों का रस।

जादू: लीजिए, एक रोचक एवं सरल जादुई चाल प्रस्तुत है, जो थोड़ी-सी ही सामग्री से दिखाई जा सकती है। याद रखिए, शरारती बच्चों को यह अच्छा सबक भी सिखाएगी।

दर्शकों को दो खाली गिलास दिखाएं। उन्हें जांच के लिए वे गिलास पकड़ा दें (यदि वे चाहें तो)। एक गिलास को मेज के कोने पर रखें, उसमें फलों का रस डालें और दूसरे गिलास को उल्टा करके उससे उसे ढक दें।

किसी लड़के को बुलाकर उसे गिलासों को हाथ से छुए बिना जूस पीने के लिए कहें। निःसंदेह ही वह आनाकानी करेगा।

अब उसकी शरारत को लेकर कुछ विनोद कीजिए। कुछ चुटकुले सुनाकर दर्शकों को हँसाइए और गिलासों को बिना छुए आप जूस पी जाइए। यह बिल्कुल सरल है, घबराइए नहीं।

रहस्य: यह एक अत्यंत चतुरतापूर्ण चाल है। ऊपर का गिलास ध्यान से अपनी कॉलर बोन (गले की हड्डी) और छाती से पकड़कर उठाएं। जूस भरे गिलास को थोड़ा-सा अपनी ओर झुकाइए और जूस पीजिए।

यदि मैंगेनस सल्फेट और सोडियम कार्बोनेट के पानी के साथ दो अलग-अलग मिश्रण तैयार किए जाएं और फिर उन्हें एक गिलास में डाला जाए, तो वह दूध की तरह सफेद हो जाएगा।

किनारे - किनारे

13

सामग्री: एक गिलास तथा ताश का एक पत्ता।

जादू: दर्शकों को ताश का एक सामान्य पत्ता और स्टील या पीतल का गिलास दिखाइए। पत्ते को अपने दायें हाथ में पकड़िए और गिलास को उसके किनारे पर संतुलित कर रखने का प्रयास कीजिए। वैसे तो यह लगभग असंभव प्रयास है। फिर भी आपके जादुई मंत्र 'गिलीगिली' के प्रभाव से सब संभव हो जाएगा।

रहस्य: अन्य कई जादुई करिश्मों की भांति यह करिश्मा भी सरल है। आवश्यकता है इसका रहस्य जानने की और खूब अभ्यास करने की। ताश के पत्ते को सीधा पकड़िए। एक तरफ आपका अंगूठा हो, दूसरी ओर उंगलियां, परन्तु तर्जनी (अर्थात् अंगूठे के बाद की पहली उंगली) को पत्ते के पीछे सीधा रखिए। अब गिलास को पत्ते के ऊपरी सिरे पर थोड़ा नाटकीय ढंग टिकाएं, मानो आप बहुत प्रयत्न कर रहे हैं, पर गिलास टिक नहीं रहा है। इसी बीच तर्जनी को ऊपर खिसकाकर गिलास उसपर टिकाने का प्रयास कीजिए। दूसरा हाथ हटा लीजिए। दर्शकों को लगेगा कि आपने गिलास ताश के पत्ते के सिरे पर टिका दिया है।

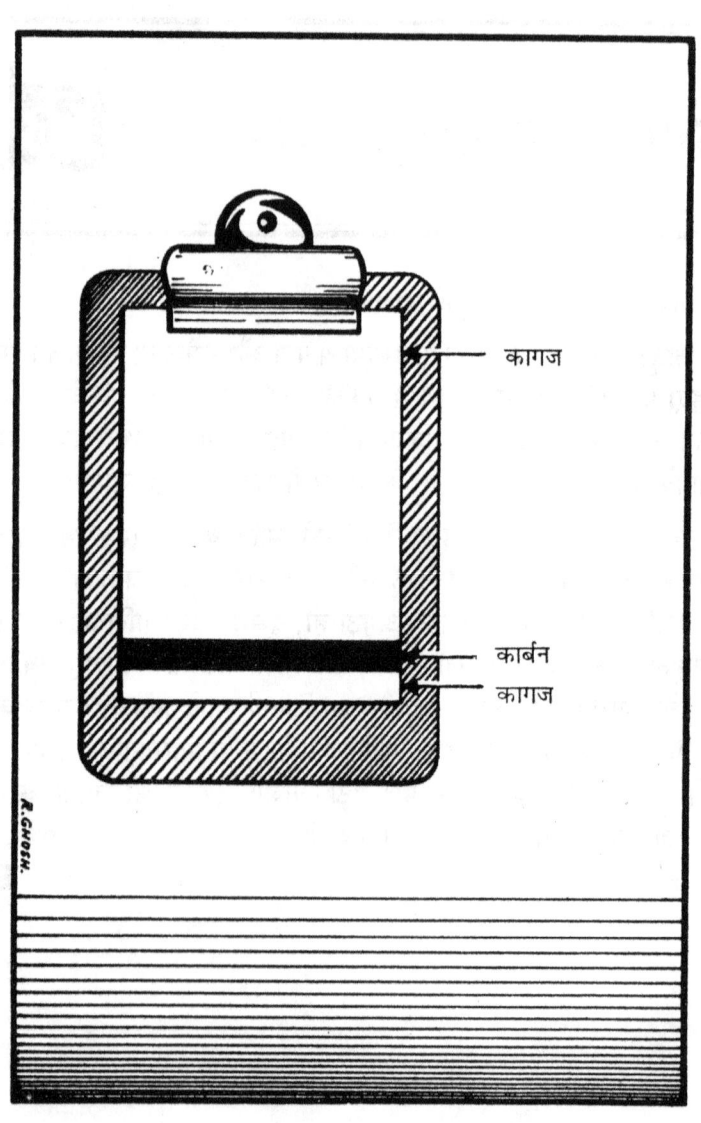

ठोस कार्बन-डाइ-ऑक्साइड गैस ड्राई बर्फ का एक कण गुब्बारे में डालने पर गुब्बारा फुलाया जा सकता है।

कार्बन-करिश्मा

14

सामग्री : परीक्षा में काम आने वाला एक गत्ता (क्लिपबोर्ड), चार लम्बे कागज (फुलस्केप), कार्बन पेपर, बॉल पेन, एक लिफाफा, कागज का एक टुकड़ा और रबरबैण्ड।

जादू : मानसिक करामात कर दिखाना किसी भी जादूगर की कला की अन्तिम परीक्षा है। यद्यपि इसके पीछे के रहस्य बड़े सीधे-सरल होते हैं, तथापि चाल चलते समय उसे बिना किसी खामी दिखा पाना इतना सरल नहीं होता।

दर्शकों में से किसी एक से कहें कि वह कोई शब्द या छोटा-सा प्रश्न सोचे, जिसका उत्तर आसानी से दिया जा सके। अब उससे कहें कि वह प्रश्न या शब्द किसी कागज पर लिखकर, लिफाफे में बन्द करे और लिफाफे को जला दे। लिफाफा जल जाने पर आप उसका शब्द या प्रश्न उसे बता दें या उसका उत्तर दे दें।

रहस्य : खेल आरंभ होने से पूर्व अपने क्लिपबोर्ड पर चारों कागज लगाकर बीच में कार्बन रख दें। गत्ते के निचले सिरे पर रबरबैण्ड लगा दें, ताकि कार्बन छिपा रहे। ऊपर की ओर क्लिप से कागज व कार्बन दबे रहेंगे। अब दर्शक से कहें कि वह अपना शब्द या प्रश्न सोचे। जब आप उसे कागज पर लिखने के लिए कहेंगे, तब उसे कागज के छोटे टुकड़े के साथ क्लिपबोर्ड पकड़ा देंगे। बॉल पेन से लिखा प्रश्न कार्बन के नीचे के कागज पर अंकित हो जाएगा। दर्शक अपना प्रश्न लिखा कागज लिफाफे में डालकर जला देगा। इसी बीच आपका सहयोगी सहजता से क्लिपबोर्ड अन्दर ले जाएगा, प्रश्न पढ़ेगा और आकर आपको बता देगा। प्रश्न या उसका उत्तर आप दर्शकों को बता देंगे। उन्हें लगेगा कि आपने प्रश्न लिखने वाले के मन की बात किसी चमत्कार से जान ली है।

■ ■

कॉपर नाइट्रेट के पतले घोल से लिखा गुप्त संदेश कागज को थोड़ा गर्म करने पर पढ़ा जा सकता है।

अद्भुत रेत

15

सामग्री: नदी की रेत, मोम तथा पानी भरी बाल्टी।

जादू: आंध्र प्रदेश के बाल जादूगर बी.वी.एस. प्रशान्त ने राष्ट्रपति आर. वेंकटरमन के समक्ष एक बड़ी रोचक जादुई चाल का प्रदर्शन किया। एक प्लेट में रखी साधारण रेत दर्शकों को दिखाते हुए उन्होंने घोषणा की कि यह 'चमत्कारिक' रेत है, जो उन्होंने गंगा किनारे से एकत्र की है। फिर उन्होंने प्लास्टिक की खाली बाल्टी लेकर उसमें पानी डाला और फिर उसमें रेत डाल दी। हाथ से रेत पानी में घोल दी, ताकि वह ठीक प्रकार से घुल जाए। अब अपने जादुई मंत्र 'गिलीगिली' का उच्चारण करते हुई उन्होंने बाल्टी में हाथ डाला, रेत निकाली और मेज पर डाल दी। अरे वाह! रेत तो बिल्कुल सूखी थी। ''यह है चमत्कारिक गंगा की रेत'', बाल जादूगर ने कहा।

रहस्य: इस चाल को दर्शकों के सामने दिखाने से पहले अच्छी-खासी तैयारी की आवश्यकता है। लगभग आधा किलो रेत लेकर उसे भून लीजिए और गर्म रेत पर मोम डालिए। वह उसके बीच पिघल जाएगा। दस मिनट के बाद उस रेत को उठाकर प्लेट में रख लीजिए। ठंडी होने पर यह रेत ठोस टुकड़े की भांति होगी, जिसे आप आसानी से हाथ से मसलकर पानी में मिला देंगे, किन्तु मोम के कारण यह पानी में भीगेगी नहीं। इस प्रकार आप अपना करिश्मा आसानी से दिखा पाएंगे।

■■

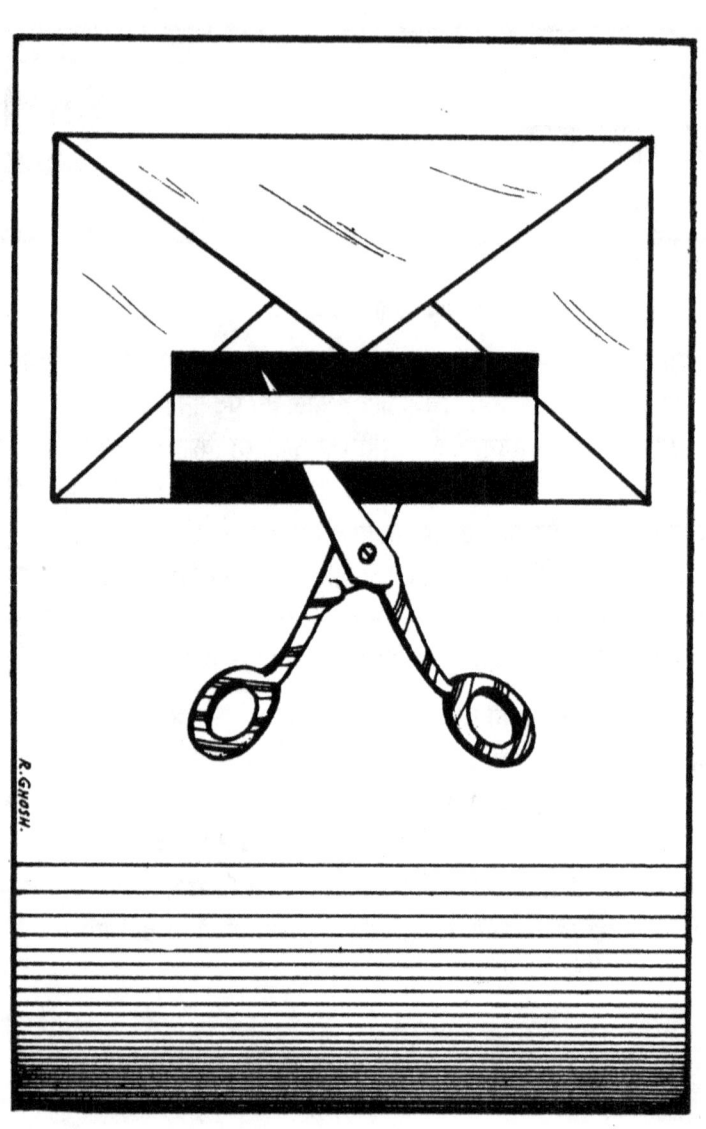

किसी भी चाल के अन्तिम प्रभाव के बारे में 'शो' से पहले दर्शकों को अवगत न कराएं। इससे उत्सुकता समाप्त हो जाती है।

कटा, पर साबुत रहा

16

सामग्री: एक लिफाफा, कागज तथा कैंची।

जादू: जादूगर हैरी हूडिनी किसी भी बन्दिश में से छूट निकलने की कला में निपुण थे। वह हमेशा ऐसी नई-नई चीजों की ताक में रहते थे, जिन्हें वह अपने खेलों में दिखा सकें। 1894 में फ्रांस के अपने दौरे के समय उनकी भेंट एक मनोवैज्ञानिक से हुई, जो एक पागलखाने में मनोचिकित्सक थे। उनके साथ हूडिनी उनके अस्पताल में गए, जहां उन्होंने एक मानसिक रोगी को कागज के टुकड़ों को जोड़ने के प्रयास में लीन पाया। उन्होंने इसी को अपनी एक जादुई चाल का रूप दे दिया। वह इस प्रकार है।

एक लिफाफा लीजिए। इसे दोनों ओर कैंची से थोड़ा-थोड़ा काटकर इसमें कागज का एक टुकड़ा पिरो दीजिए। फिर कैंची से इन्हें इस प्रकार काटिए कि कागज और लिफाफे, दोनों के टुकड़े हो जाएं। फिर 'गिलीगिली' कहिए और दर्शकों को कागज का साबुत टुकड़ा निकालकर दिखा दीजिए।

रहस्य: जब आप लिफाफा दोनों ओर से काट रहे हों, तो लिफाफे की पिछली ओर भी काटकर छेद बना लें। यह किसी को दिखेगा नहीं, क्योंकि लिफाफे का यह भाग आपकी ओर होगा। जब कागज इसमें पिरोया जा रहा हो, तो लिफाफा बायें हाथ में पकड़े और उस छेद में कागज और लिफाफे के बीच अंगूठा डालें। ऐसा करने से जब कैंची से काटेंगे, तो केवल लिफाफा कटेगा, कागज नहीं।

■ ■

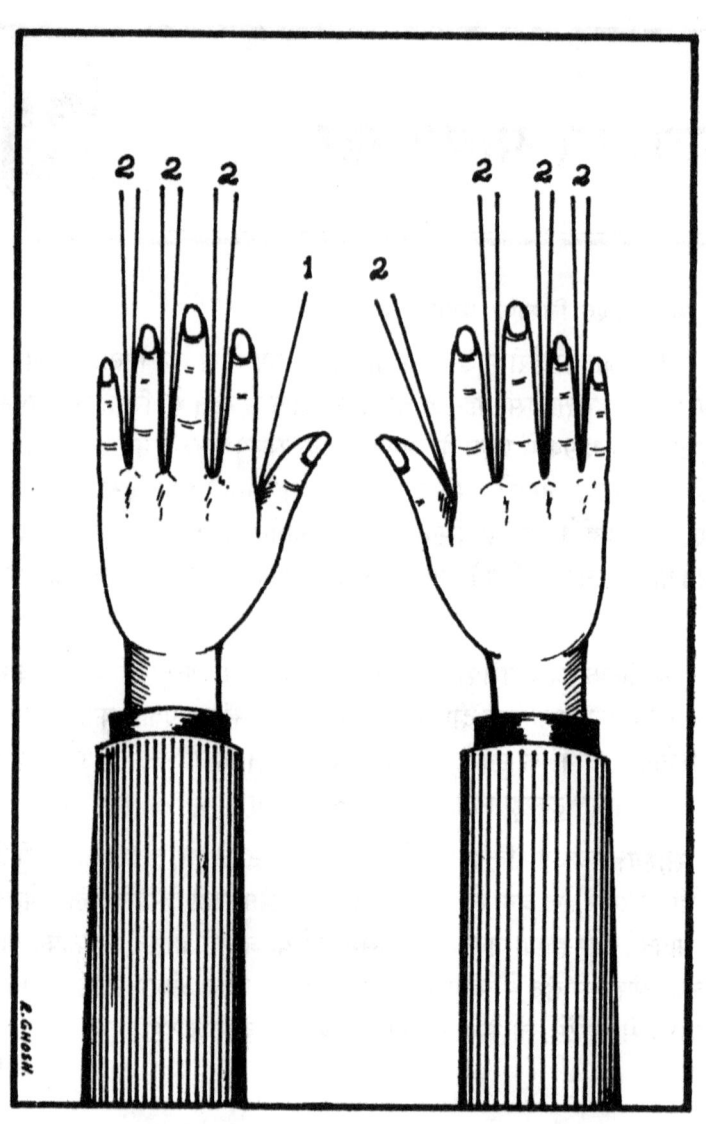

जितने भी जादू के खेल आप देख सकें, देखें और जादूगरों के तौर-तरीकों का अध्ययन करें।

उंगलियों पर नाचते पत्ते 17

सामग्री: ताश के पत्तों की एक गड्डी।

जादू: ताश के पत्तों की विभिन्न चालों में यह एक नई चाल है। किसी एक दर्शक को अपने हाथ फैलाने और उन्हें मेज पर रखने के लिए कहें। ताश की गड्डी लें, पत्तों को फेंटें और दो-दो पत्ते उसकी उंगलियों के बीच रखें, जैसा कि चित्र में दिखाया गया है। सात जोड़े रखने के बाद आठवीं बार केवल एक पत्ता रखें।

कुछ देर बाद एक जोड़ा यह कहते हुए उठा लें कि "दो पत्ते समान पत्ते हैं" और उन्हें एक-दूसरे के पास उल्टा रख दें। इसी प्रकार अन्य पत्ते भी रखें। आखिरी पत्ता रखते समय दर्शक से पूछें, "अब एक ही पत्ता रह गया है। इसे कहां रखूं?" दर्शक किसी एक ढेर की ओर इशारा कर देगा। उसी पर रख दें। अब उस ढेर के सारे पत्ते उस दर्शक को दे दें और कहें, "इस ढेर में असमान पत्ते हैं। इन्हें तुम लो। दूसरे में समान अंक हैं। इन्हें मैं रखूंगा / रखूंगी। परन्तु मुझमें शक्ति है कि मैं तुम्हारे एक पत्ते को अपनी ओर खींच सकूं और फिर तुम्हारे पत्ते समान होंगे, मेरे असमान।"

स्वाभाविक ही है कि आपपर दर्शक विश्वास तो नहीं करेंगे, परन्तु जब वह पत्ते गिनेगा, तब उसके पत्ते समान और आपके अपने असमान होंगे।

रहस्य: इस चाल का रहस्य केवल लोगों को भूलभूलैयां में डालने में है। समान-असमान की बातें इतनी बार की गईं कि दर्शक चक्कर में पड़ जाता है। वास्तव में सात जोड़े हैं। जब आप दर्शक की उंगलियों में से पत्ते निकालते हैं, तब आप जोर देकर कहते हैं कि आपके पास समान कार्ड हैं और आप उन्हें अलग-अलग करते हैं। अंततः आप दो असमान ढेर बनाते हैं, जिनमें सात-सात पत्ते हैं। दर्शक सोचते हैं कि दोनों ढेर समान हैं। इन ढेरों में से एक ढेर में एक पत्ता और जमा कर दें, तो एक ढेर समान होगा और दूसरा असमान।

अमोनियम हाइपर क्लोराइड (Hyper chloride) से लिखा संदेश कागज गर्म करने पर दिखने लगेगा।

अद्भुत भविष्यवाणी 18

सामग्री: ताश के पत्तों की एक गड्डी डिब्बे सहित, इस डिबिया में दाहिनी ओर नीचे छेद किया गया हो। (चित्र देखें)।

जादू: जादू की चालों में इंद्रजाल के जरिये मनुष्य, पशु-पक्षी या वस्तुओं को गायब करने की कला बहुत पुरानी है। इसी प्रकार जादूगरों को भविष्यवाणी करने में भी महारत हासिल है।

इसी प्रकार की एक दिलचस्प चाल यहां प्रस्तुत की जा रही है। ताश के पत्तों की एक गड्डी दर्शकों में से किसी एक को देकर उससे कहें कि वह उसे अच्छी तरह फेंटकर आपको वापस कर दें। आपके कहे अनुसार जब वह पत्ते फेंटकर आपको लौटा देगा, तो उन्हें डिब्बे में रखते हुए घोषणा करें, ''अब मैं इन पत्तों को बिना देखे डिब्बे में रख रहा हूं और बिना देखे एक-एक पत्ता बताता जाऊंगा।'' इसके पश्चात् आप पत्ता बताएं। डिब्बे में से खींचने पर वही पत्ता निकलेगा।

रहस्य: चाहे जादूगर इसे एक अद्भुत करिश्मा कहे, किंतु यह न करिश्मा है, न ही इसमें भविष्यवाणी की कला है। यह एक सरल-सी चाल है, जो एक बार आप जान जाएंगे, तो आसानी से कर पाएंगे।

अच्छी तरह फेंटें हुए पत्ते आपके हाथ में आते ही आप उन्हें डिब्बे में रख दें। परन्तु डिब्बे में तो आपने काटकर छेद किया है, जो अब तक अंगूठे के नीचे दबा कर आपने छिपाया था। जैसे ही पत्ते आप रखेंगे, छेद से अंतिम पत्ते की एक झलक आपको दिख जाएगी। झट से पत्ते के डिब्बे को घुमाइए, आम तरीके से पत्ते की घोषणा कीजिए और बड़े नाटकीय ढंग से पत्ता खींच लीजिए। दर्शक आश्चर्य में पड़ जाएंगे, क्योंकि आपने बिना देखे सही पत्ता जो बता दिया। वे दाद देंगे आपके करिश्मे की, परन्तु इस करिश्मे को बार-बार मत दिखाइए।

■■

लिफाफे पर ईथर का घोल रुई से मलते ही कुछ क्षणों के लिए अन्दर लिखा संदेश बाहर दिखने लगेगा।

वैदिक चमत्कार 19

सामग्री: हरा तेजाब (गंधक का तेजाब, विट्रिओल), हरड़, नीबू लवण (सायट्रिक एसिड) पानी।

जादू: अथर्ववेद में ऐसे कई चमत्कारों का उल्लेख है, जो पुरातन काल के योगी आसानी से करते थे। कभी-कभी राजाओं के मनोरंजन के लिए भी करिश्मे दिखाए जाते थे। इसी प्रकार की एक वैदिक चाल यहां प्रस्तुत है।

दर्शकों को एक खाली गिलास व दूसरा भरा गिलास दिखाइए। दूसरा गिलास काले रंग के पेय से भरा होगा। अब जादुई मंत्र के साथ नाटकीय ढंग से यह काला पेय खाली गिलास में उंड़ेल दीजिए। आश्चर्य! यह तो पानी में बदल गया है। इस दृश्य से दर्शक प्रभावित हुए बिना नहीं रहेगा।

रहस्य: इस चमत्कार के लिए विट्रिओल और हरड़ (चूर्ण रूप में) पानी में मिलाइए। काले रंग का घोल तैयार हो जाएगा। अब दूसरे गिलास में चुटकीभर नीबू लवण (सायट्रिक एसिड) डालकर रख दीजिए। दर्शकों को यह दिखेगा नहीं, गिलास खाली दिखेगा। खेल दिखाते समय जब आप काला पेय इस दूसरे गिलास में उंड़ेलेंगे, तो नीबू लवण की रासायनिक प्रतिक्रिया के कारण वह काला जल रंगहीन पानी में परिवर्तित हो जाएगा।

नोट: विट्रिओल का इस्तेमाल स्याही बनाने के लिए किया जाता है।

सिल्वर नाइट्रेट के कुछ दाने धधकते कोयले पर छिड़कने पर वे खालिस चांदी के टुकड़ों की भांति दिखेंगे।

जादुई आम रस

20

'**सामग्री:** प्लास्टिक का एक मग, प्लास्टिक का एक गिलास, आम रस और कुछ छोटे-छोटे कपड़े।

जादू: यदि एक गिलास पानी आम रस में परिवर्तित हो जाए, तो कितना मजा आएगा, किन्तु क्या ऐसा केवल अपनी जादुई छड़ी घुमाने से संभव हो सकेगा? जी हां! यह संभव है।

एक साधारण प्लास्टिक का या स्टील का गिलास पानी से भर कर दर्शकों को दिखाइए। यदि दर्शक कहें, तो आप उन्हें पानी का निरीक्षण करा सकते हैं। अब 'गिलीगिली' कहते हुए पानी को प्लास्टिक के मग में उंड़ेलिए। तीन बार अपनी जादुई छड़ी मग के ऊपर घुमाइए। अब मग में से मीठा आम रस गिलास में डालिए और किसी एक दर्शक को भेंट कीजिए।

रहस्य: इसके लिए आप मग में पहले से कुछ कपड़े के टुकड़े छिपाकर रखिए। खेल शुरू होने से पहले प्लास्टिक के गिलास में आम रस भरकर मग में रखिए। गिलास मग के मुंह वाले स्थान तक ही ऊंचा होना चाहिए। मग को कपड़ों से ऐसा भरिए कि गिलास उसमें पूरी तरह बैठ जाए और हिलने या गिरने की स्थिति में न हो। जब आप दर्शकों के सामने मग में पानी डालेंगे तो ऐसा प्रतीत होगा कि आप खाली मग में पानी डाल रहे हैं, जबकि वास्तव में आप कपड़ों पर पानी डाल रहे होंगे। कपड़े पानी को सोख लेंगे। अब आप आराम से मग को उठाकर आम रस दूसरे गिलास में डालिए और दर्शक को प्रस्तुत कीजिए।

■ ■

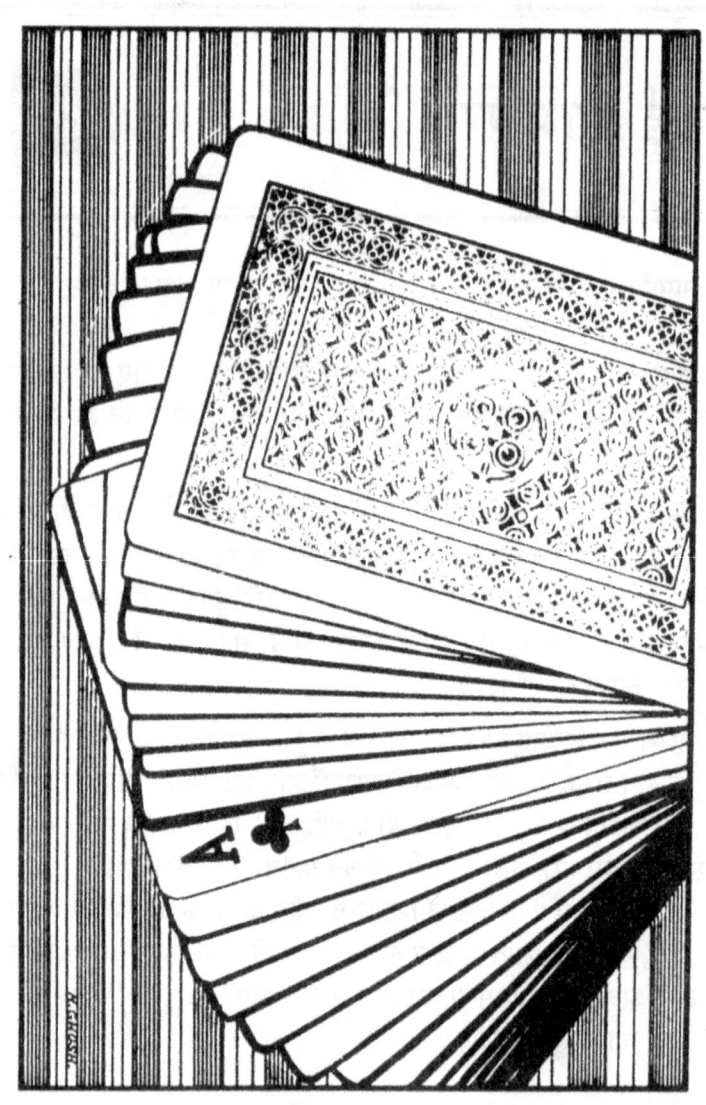

मोमबत्ती की लौ पर मॅग्रेशियम का चूर्ण
छिड़कते ही सफेद फ्लैश लाइट
चमकेगी।

इक्के ही इक्के

21

सामग्री: ताश के पत्तों की एक गड्डी।

जादू: ताश के पत्तों की यह एक सरल चाल है, जो कुशलतापूर्वक निभाने पर दर्शकों को यह आभास कराएगी कि जादूगर मन की बात जान सकता है। इसके लिए कोई विशेष इन्द्रजाल भी नहीं बिछाना पड़ता। ताश के पत्तों को मेज पर रख दें और घोषणा करें कि आप अपनी मानसिक शक्ति द्वारा किसी एक दर्शक को ताश का वही पत्ता चुने जाने के लिए बाध्य कर देंगे, जो आप चाहेंगे। अर्थात् आप उस दर्शक का मस्तिष्क स्वयं संचालित करेंगे। खैर, आपपर उन्हें विश्वास तो नहीं होगा, परन्तु आप इस ओर से निश्चिन्त रहें।

अब खेल शुरू! दर्शकों में से एक से कहिए कि वह मन में चारों इक्कों में से एक को चुन ले या सोच ले - चिड़ी, हुकुम, ईंट, पान। दावा कीजिए कि आपने उसके मन की बात पकड़ ली है और वह पत्ता एक खास स्थान पर रखा है। अब उसी दर्शक से कहिए कि वह अपने पत्ते का नाम बताए। मान लीजिए, उस व्यक्ति ने कहा कि उसका पत्ता चिड़ी का इक्का है। तुरन्त सब पत्तों को पंखानुमा आकार में खोलकर मेज पर बिछा दीजिए। सारे पत्ते सीधे होंगे, पर उस व्यक्ति का पत्ता उल्टा पड़ा मिलेगा। आश्चर्य! यह तो चिड़ी का इक्का ही है।

रहस्य: खेल शुरू करने से पूर्व चारों इक्कों को निकालकर इस प्रकार रखें - ईंट का इक्का सबसे ऊपर, पान का इक्का सबसे नीचे, चिड़ी का इक्का मध्य में (परन्तु उसे अन्दर उल्टा रखें) और हुकम का इक्का अपनी जेब में। घोषणा करते समय याद रखें, आप कहेंगे कि दर्शक द्वारा चुना गया पत्ता एक विशेष स्थान पर है। यह मत कहिएगा कि कहां है - आपकी जेब में या मध्य में या ऊपर या नीचे।

कभी भी, किसी भी हालत में यह खेल उन्हीं प्रेक्षकों को दुबारा न दिखाएं।

मुड़ा हुआ नोट

किसी प्लेट पर सिल्वर नाइट्रेट से लिखकर उसपर सांस छोड़िए। लिखाई अदृश्य हो जाएगी।

राख से नोट

22

सामग्री: एक माचिस की डिबिया, दस रुपये का एक नोट, कापी की चौड़ाई वाला एक सफेद कागज।

जादू: ऐसे कितने ही जादुई करिश्मे और आभास हैं, जिनसे वस्तुएं, मनुष्य और जानवर अदृश्य होते हैं या प्रकट होते हैं। इस क्षेत्र में डग हेनिंग (Doug Henning) और डेविड कॉपरफील्ड (David Copperfield) प्रख्यात हैं, जिन्होंने यह साबित किया है कि यदि कुछ मूल तत्त्वों का कुशलतापूर्वक प्रयोग किया जाए, तो आश्चर्यजनक परिणाम सामने लाए जा सकते हैं।

ऐसा ही एक मजेदार करिश्मा प्रस्तुत है। दर्शकों को सफेद कागज का एक टुकड़ा दिखाइए और उसे जलाकर राखकर दीजिए। उस राख को हाथ में लेकर करीब 10 सेकंड तक मलिए। यह लीजिए। राख से दस रुपये का नोट तैयार हो गया। आप यह नोट दर्शकों को दिखा सकते हैं।

रहस्य: खेल शुरू होने से पहले माचिस की डिबिया को आधा खोलकर उसके पिछले भाग में दस रुपये का नोट मोड़कर छुपा दीजिए। अब कागज के टुकड़े को जला दीजिए और माचिस की डिबिया मेज पर रख दीजिए। डिबिया मेज पर रखते समय आहिस्ता से ऐसे बंद कीजिए कि नोट निकलकर आपके हाथ में आ जाए। अब चतुराई से आप उस नोट को हथेली पर रख लें और राख लेकर हाथ मलने की प्रक्रिया करें। इससे ऐसा प्रतीत होगा कि आप राख से नोट तैयार कर रहे हैं। थोड़ी देर के बाद नोट को खोलिए और दर्शकों को दिखाइए।

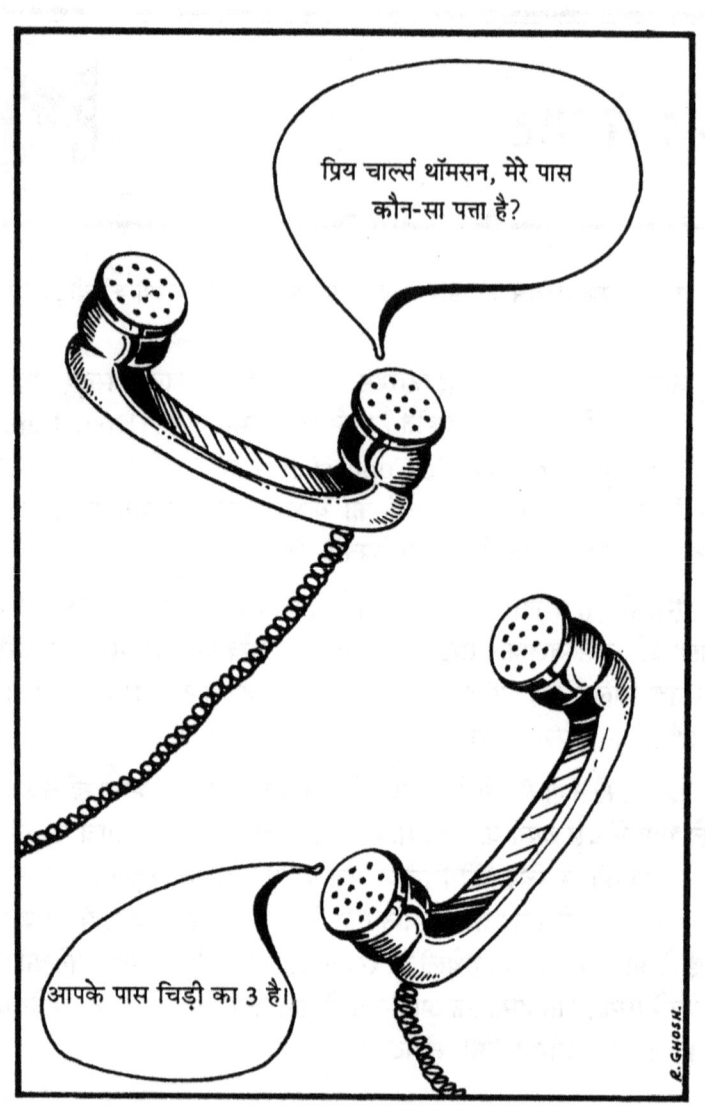

कोबाल्ट नाइट्रेट से लिखे अक्षरों को यदि ऑक्सालिक एसिड (Oxalic Acid) के हल्के घोल से गीला किया जाए, तो नीले रंग की लिखाई दिखने लगेगी।

टेलीफोन टेलीपैथी

23

सामग्री: टेलीफोन तथा ताश के पत्तों की एक गड्डी।

जादू: अपनी दुबई यात्रा के दौरान मेरी मुलाकात एक अरब शेख से हुई, जो आत्मिक शक्ति (Psychic Powers) के बारे में पढ़ने-सुनने में काफी रुचि रखता था।

उसने अनुरोध किया कि मैं टेलीपैथी की कोई करामात दिखाऊं। वास्तव में टेलीपैथी के करिश्मे दिखाना कोई आसान काम नहीं है। फिर भी मैंने ताश के पत्तों के माध्यम से उसका अनुरोध पूरा किया।

ताश के पत्तों की गड्डी शेख को देते हुए मैंने उसे एक पत्ता उठाने के लिए कहा। फिर उसे अपने सहयोगी का नाम तथा टेलीफोन नंबर देकर उसे टेलीफोन करके ताश का चुना हुआ पत्ता पूछने के लिए कहा। शेख ने दूर एक शहर में बैठे मेरे सहयोगी के पास टेलीफोन किया और पत्ता पूछा, उसने तुरन्त सही पत्ता बता दिया। शेख बहुत प्रभावित हुआ। उसे विश्वास हो गया कि मैं टेलीपैथी जानता हूं और अपने सहयोगी तक मैंने मानसिक संचार द्वारा संदेश भेजा है।

रहस्य: वास्तव में इस करिश्मे का टेलीपैथी से कोई संबंध नहीं है। यह तो एक साधारण चाल है। इसका रहस्य छिपा है मेरे सहयोगी के नाम में। इस नाम में एक गुप्त-संकेत है और इसी के बीच अंकों के सूत्र छिपे हैं। जैसे - डेविड नाम का तात्पर्य है 'डायमंड' अर्थात् ईंट का पत्ता, चार्ल्स है 'क्लब' मतलब चिड़ी का पत्ता। इसी प्रकार हेवर्डस्, 'हार्ट' अर्थात् पान और सॅमसन, 'स्पड' अर्थात् हुकुम। इसी प्रकार अंकों में भी संकेत-सूत्र छिपे हैं। जैसे - एटलस का तात्पर्य है इक्का, टायटर-2, थॉमसन-3, फोर्ड-4, फर्नान्डिस-5, सीमन-6, सॅमसन-7, एडिसन-8, निसान-9, टॉम-10, जॉनी-गुलाम, विक्टर-रानी और केल्लर-राजा ।

अपना नाम पुकारे जाने पर मेरा सहयोगी पत्ते का वर्णन बता सकता है। उदाहरणत: यदि मेरे दर्शक ने उसे 'चार्ल्स थॉमसन' कहा है, तो पत्ता चिड़ी की तिग्गी है।

■■

अमोनियम क्लोराइड को गर्म करने पर धुएं के घने बादल उठने लगते हैं।

लुप्त हुआ सिक्का

24

सामग्री: रुमाल, सिक्का और बढ़ई द्वारा इस्तेमाल की जाने वाली थोड़ी-सी गोंद।

जादू: सिक्का गायब करने की एक चाल पेश है, जो कहीं भी दिखाई जा सकती है। इसके लिए किसी लम्बी-चौड़ी तैयारी की आवश्यकता नहीं है। हां, निरन्तर अभ्यास जरूरी है। मैं तो यह राय दूंगा कि दर्शकों के सामने प्रस्तुत करने से पहले आपको शीशे के सामने बार-बार इसका अभ्यास करना चाहिए।

मेज पर रुमाल फैलाकर उसके बीच में सिक्का रख दीजिए। दर्शकों से कहिए कि आपके 'गिलीगिली' कहते ही सिक्का गायब हो जाएगा। वे आपपर विश्वास नहीं करेंगे, परन्तु आप निम्नलिखित तरीके से चाल चलकर अपनी बात पूरी कर सकते हैं।

रुमाल का एक भाग ऐसे तह कीजिए कि उसमें सिक्का छिपाया जा सके। अब बचे हुए तीन किनारे भी उसपर तह कर दें। अब दो कोनों से रुमाल पकड़िए, 'गिलीगिली' कहकर तह खोल दीजिए। यह क्या? सिक्का गायब!

रहस्य: खेल आरंभ करने से पूर्व अपने बायें अंगूठे पर मोम लगाइए। यह दर्शकों को नहीं दिखेगा, क्योंकि इसका रंग नाखून के रंग जैसा ही होगा।

अब रुमाल को मेज पर फैला दीजिए और सिक्के को उसके बीच में रखिए। रुमाल का दाहिना कोना उठाकर सिक्के के ऊपर रखिए। ऐसा करते समय मोम को सिक्के पर दबा दीजिए। इससे सिक्का रुमाल के कोने पर चिपक जाएगा। बाद में सिक्के को तीनों अन्य कोनों से ढक दीजिए और दबाइए।

अन्त में 'गिलीगिली' कहकर रुमाल पहले दो कोनों से पकड़कर उठाइए और हिलाइए। चूंकि जिस कोने पर सिक्का चिपका है, वह आपकी ओर होगा। अतः दर्शक उसे देख नहीं सकेंगे और समझेंगे कि सिक्का गायब हो गया है।

■ ■

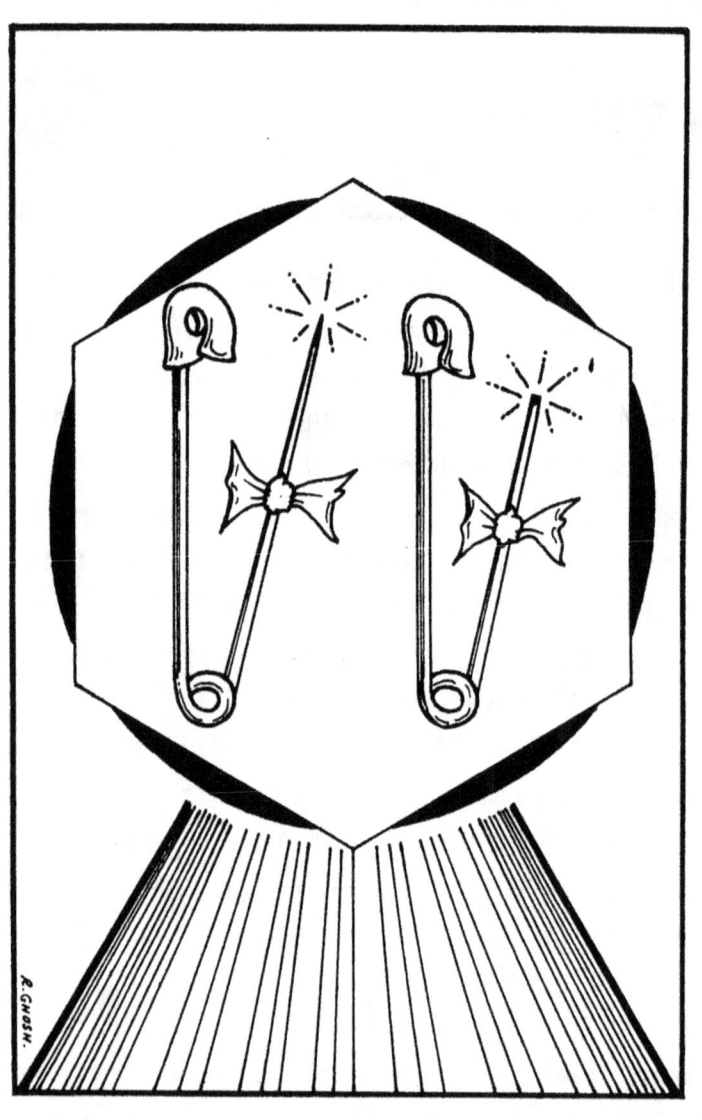

किसी खाली (कोरे) कार्ड पर राख मलकर आप संदेश प्रगट कर सकते हैं, पर हां, वह संदेश उस कार्ड पर साबुन से लिखा होना चाहिए।

पैनी चाल

25

सामग्री: दो सेफ्टीपिन तथा दो रंगीन रिबन (फीते)।

जादू: यदि उसे चतुरता व कुशलता से निभाया जाए, तो एक साधारण चाल भी बड़ी रोचक बन सकती है। यहां इसी प्रकार का एक दिलचस्प करिश्मा पेश है, जो सेफ्टीपिन के साथ दिखाया जा सकता है। दो सेफ्टीपिन लेकर दर्शकों को दिखाइए। दोनों पिन समान हैं और बन्द हैं। दोनों पर एक-एक रंगीन रिबन (फीते) के फूल लगे हैं, परन्तु दोनों फीतों के रंग अलग-अलग हैं।

अब आप अपने दर्शकों को बताएंगे कि आप बिना देखे (केवल स्पर्श से ही) रिबन का रंग बता सकते हैं। दर्शकों में से किसी एक को बुलाएं और उससे कहें कि वह कोई भी पिन आपके हाथ में पकड़ा दे। इस बीच आप हाथ पीछे रखकर खड़े हैं। पिन हाथ में आते ही आप एकाग्रता से विचार करने का नाटक करें और रंग बता दें।

रहस्य: इस प्रकार रंग बताने के लिए खेल आरंभ होने से पूर्व थोड़ी-बहुत तैयारी आवश्यक है। एक जैसी दो पिन ले लें, परन्तु एक पिन का सिरा पत्थर या फायलर पर घिसकर उसकी नोक को भुथरा बना दें। इस पिन पर काला (या अन्य किसी रंग का) रिबन बांध दें। रंग याद रखें। दूसरी पिन पर सफेद (या किसी अन्य रंग का) रिबन बांध दें।

जब दर्शक आपके हाथ में पिन देगा, तो उसे खोलकर उंगली से सिरा महसूस करें। यदि नुकीला है, तो कौन-सा रंग होगा, यदि भुथरा है, तो कौन-सा। झट रंग बता दें। ध्यान रहे कि आपको पिन खोलते कोई देख न पाए।

■ ■

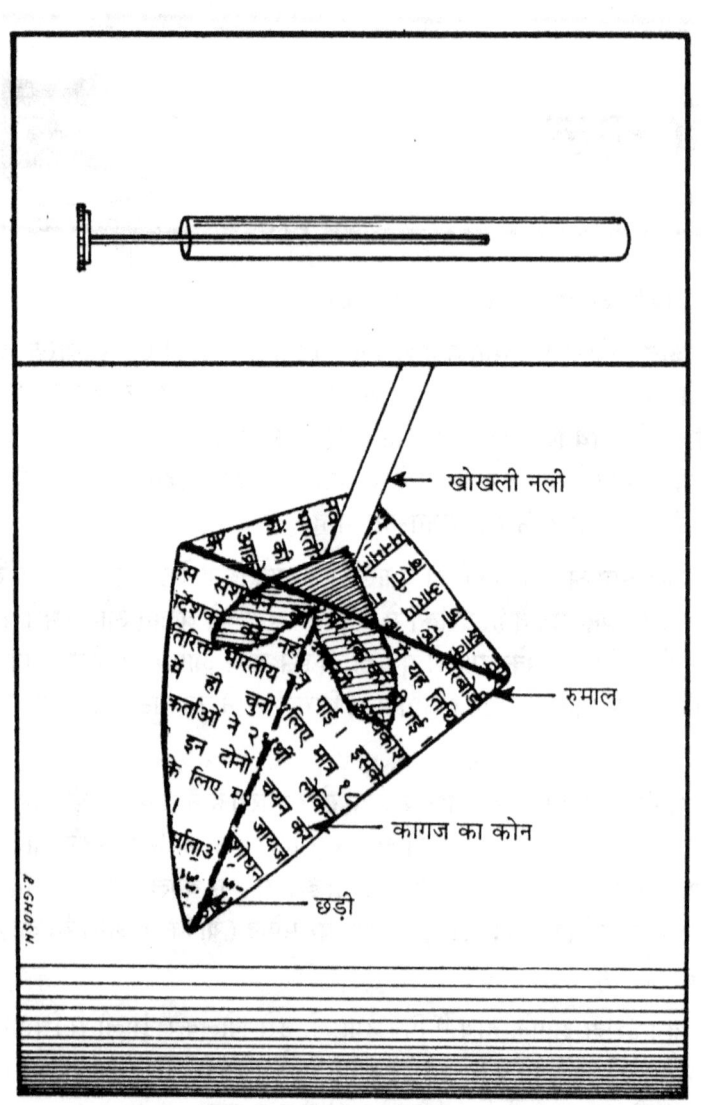

फिटकरी के घोल में डुबोया गया रुमाल आग नहीं पकड़ेगा।

रहस्यमयी जादुई छड़ी

26

सामग्री: एल्यूमिनियम की खोखली नली, जिसकी लम्बाई 18'' और व्यास 1'' हो। इसका एक सिरा बन्द हो, ऊपर काला पेंट किया हो; लेडीज रुमाल; अखबार का कागज तथा 12'' लम्बी स्टील की पतली छड़ी।

जादू: जादुई छड़ी अधिकार का प्रतीक है और यह रहस्यमयी भी है। जादू के खेलों में तो यह बड़ी महत्त्वपूर्ण भूमिका निभाती है। विश्वभर के जादुई करिश्मों में इसका प्रयोग होता है। यहां इसी प्रकार की एक चाल में एक लेडीज रुमाल गायब किया जाता है।

दर्शकों को अखबार कां एक कागज दिखाएं। इसे 'कोन' या चने की पुड़िया की भांति मोड़ें। दर्शकों में से किसी महिला से रुमाल मांगें और उसे पुड़िया में रख दें। अब जादुई छड़ी को पुड़िया के बाहर और भीतर फेरते हुए अपना मंत्र 'गिलीगिली' बोलिए और पुड़िया खोलिए। अरे, रुमाल गायब है। कहां खो गया भला यह रुमाल? पुड़िया पूरी तरह खोलकर कागज दर्शकों को दिखा दें। यदि वे चाहें, तो जांच के लिए उन्हें दे सकते हैं।

रहस्य: खेल आरंभ होने से पूर्व स्टील की छड़ी को नली के भीतर डालें। यह नली अपने दर्शकों को दिखाते समय उन्हें बताइए कि यह आपकी जादुई छड़ी है। कागज की पुड़िया बनाकर जादुई छड़ी का एक सिरा पुड़िया के भीतर रखें। दर्शकों को विश्वास होगा कि पुड़िया के अन्दर कुछ नहीं है। पुड़िया में से जादुई छड़ी निकालते समय चतुराई से स्टील की छड़ को पुड़िया के भीतर छोड़ दीजिए। रुमाल लेकर उसे स्टील-छड़ पर गिराएं। अन्त में जादुई छड़ी का खोखला हिस्सा स्टील की छड़ और रुमाल के ऊपर रखें तथा धीरे-धीरे रुमाल को छड़ की सहायता से नली के खोखले भाग में घुसा दें। अखबार खोलिएगा, तो देखिएगा कि रुमाल गायब है।

■ ■

1	21	41	61	81
3	23	43	63	83
5	25	45	65	85
7	27	47	67	87
9	29	49	69	89
11	31	51	71	91
13	33	53	73	93
15	35	55	75	95
17	37	57	77	97
19	39	59	79	99

4	15	30	45	60	71	86
5	20	31	46	61	76	87
6	21	36	47	62	77	92
7	22	37	52	63	78	93
12	23	38	53	68	79	94
13	28	39	54	69	84	95
14	29	44	55	70	85	

16	24	48	56	80	88
17	25	49	57	81	89
18	26	50	58	82	90
19	27	51	59	83	91
20	28	52	60	84	92
21	29	53	61	85	93
22	30	54	62	86	94
23	31	55	63	87	95

2	22	42	62	82
3	23	43	63	83
6	26	46	66	86
7	27	47	67	87
10	30	50	70	90
11	31	51	71	91
14	34	54	74	94
15	35	55	75	95
18	38	58	78	98
19	39	59	79	99

32	38	44	50	56	62
33	39	45	51	57	63
34	40	46	52	58	96
35	41	47	53	59	97
36	42	48	54	60	98
37	43	49	55	61	99

8	24	40	56	72	88
9	25	41	57	73	89
10	26	42	58	74	90
11	27	43	59	75	91
12	28	44	60	76	92
13	29	45	61	77	93
14	30	46	62	78	94
15	31	47	63	79	95

64	70	76	82	88	94
65	71	77	83	89	95
66	72	78	84	90	96
67	73	79	85	91	97
68	74	80	86	92	98
69	75	81	87	93	99

किसी स्लेट पर सल्फ्यूरिक एसिड से कोई चित्र बनाइए। वह अदृश्य होगा। स्लेट को सीसे के ऍस्लेट से धोने पर वह चित्र दिखने लगेगा।

भेदिए पत्ते

27

सामग्री: ड्रॉईंगशीट के पोस्टकार्ड आकार के सात टुकड़े।

जादू: न जाने क्यों कुछ महिलाएं अपनी आयु बताने से कतराती हैं, परन्तु किसी जादूगर से वे भला कैसे छिपाएंगी अपनी उम्र? सैकड़ों तरीके हैं, जिनसे जादूगर किसी भी व्यक्ति की आयु पता कर सकता है। लीजिए, यह उत्तम तरीका आजमाइए: साथ में दिया गया चित्र देखें। इसमें सात कार्ड हैं, जिनपर अंक लिखे हैं। अब किसी भी महिला प्रेक्षक को यह सातों कार्ड दीजिए और उससे कहिए कि जिन-जिन पत्तों पर उसकी आयु के अंक अंकित हैं, उन्हें वह अलग कर ले। जैसे ही आपके हाथ में ये कार्ड आ जाएं, आप पल-भर में उस महिला की आयु बता देंगे।

कैसे ?

रहस्य: प्रत्येक कार्ड की बाईं ओर के ऊपरी कोने पर लिखा पहला अंक आपकी कुंजी है। यह अंक हैं - 1, 2, 4, 8, 16, 32 और 64.

अब देखिए, जैसे ही महिला आपको वह कार्ड पकड़ाएगी, जिसमें या जिनमें उसकी आयु के अंक मौजूद हैं। आप तुरन्त अपने 'कुंजी' अंकों को प्रत्येक कार्ड पर देखकर जोड़ लीजिए। इन्हीं का जोड़ आपका उत्तर है और महिला की आयु है। है न यह चतुर चाल? इससे आप लोगों का मनोरंजन तो करेंगे ही, अपना गणित भी सुधारेंगे।

■■

सिल्वर नाइट्रेट के पतले घोल से लिखा कोई संदेश हल्का गर्म करने पर गहरे गुलाबी रंग का दिखेगा।

रानियां राजा बनीं

28

सामग्री: ताश की रानियां-4; राजा-4; ब्लेड, गोंद और ताश का सेट।

जादू: जादूगरी में रूपान्तर का बहुत महत्त्व है। पत्तों की एक चाल यहां दी गई है, जो बड़े-बड़ों को भौंचक्का कर देगी।

ताश के जोड़े में से अलग-अलग रंगों की आठ रानियां निकाल लें और दर्शकों के समक्ष इन्हें गिन लें। आठों को हाथ में रखें और पत्तों के ढेर में से एक और रानी निकाल लें। इसे दर्शकों को दिखाएं और पहले निकाले आठों पत्तों के ऊपर इसे भी रख दें। अब इन पत्तों को पंखेनुमा आकार में खोलिए और दर्शकों को दिखाते हुए बताइए कि सारे नौ पत्ते अलग-अलग रानियां हैं, जैसे हुकुम की, पान की, ईंट की और चिड़ी की। इन पत्तों के ऊपर रखा रानी वाला पत्ता, जिसे आपने दर्शकों को दिखाया था, उठा लें और उसके स्थान पर दर्शकों को दिखाकर राजा रख दें। इन नौ पत्तों को दुबारा पंखानुमा खोलें। अरे! सभी नौ पत्ते रानी से राजा बन गए। ये सारी रानियां राजा कैसे बनीं भला?

रहस्य: इस चाल में प्रयोग किए गए आठ पत्ते पहले से तैयार किए गए पत्ते हैं। चार राजाओं और चार रानियों को पानी में डुबो दें। कुछ देर बाद ऊपर के गत्ते से राजा-रानी के चित्र वाले भाग अलग हो जाएंगे। इन्हें थोड़ा सुखाकर तिरछा काटें। अब आपके पास 16 टुकड़े हैं। इन्हें ताश के पत्तों पर चिपकाकर 8 मिले-जुले चित्र तैयार करें, जैसा चित्र में दिखाया गया है। इनको ताश के सेट पर रख दें। खेल दिखाने के लिए आप तैयार हैं।

ताश के सेट से ऊपर के आठ पत्ते निकालकर दर्शकों के सामने गिनिए, पर याद रखिए, इस समय दर्शकों को पत्तों की पीठ दिखनी चाहिए, चित्र नहीं। इन आठ पत्तों को रखकर पत्तों के सेट में से रानी निकालकर इसे दर्शकों को दिखाइए। इन आठ पत्तों को अब सीधे करके ऊपर यह रानी रखिए और इन्हें पंखानुमा खोलिए। ऊपर की रानी की तस्वीर पूरी नजर आएगी, जबकि बाकी सभी रानियां तिरछी दिखेंगी।

दर्शकों के सामने नौ रानियां हैं। अब जो रानी आपने पत्तों के सेट में से निकाली थी, उसके स्थान पर राजा रखिए - दर्शकों को दिखाकर चतुराई से इन आठों पत्तों को ऐसे घुमाइए कि दर्शकों के जाने बगैर राजा ऊपर आ जाएं। पत्तों को पंखानुमा खोलें। दर्शकों को मालूम पड़ेगा कि सभी रानियां राजाओं में रूपान्तरित हो गई हैं।

■ ■

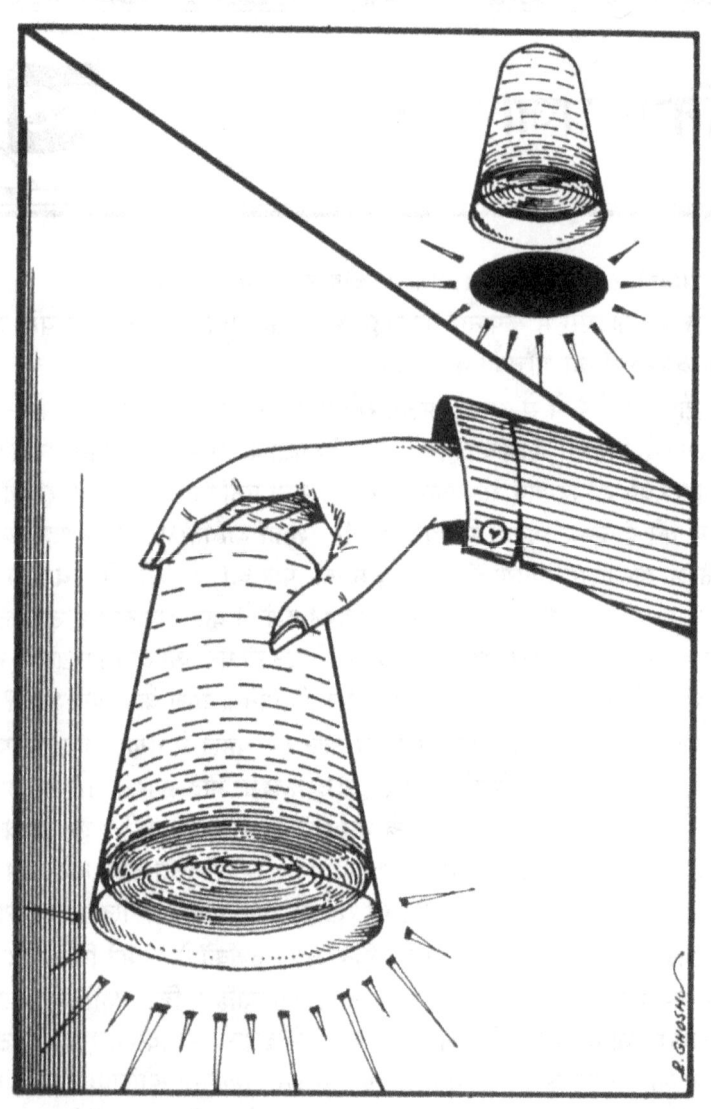

सोडियम हायपोसल्फेट के घोल में भिगोया हुआ रुमाल मोमबत्ती की लौ पर रखने पर भी नहीं जलेगा।

विज्ञान नहीं, जादू

29

सामग्री: एक गिलास, पानी, कागज, पारदर्शी प्लास्टिक का टुकड़ा जो गिलास में पूरी तरह फिट बैठे।

जादू: दर्शकों को पानी से लबालब भरा एक गिलास दिखाएं। उसपर कागज रखें, जो गीलेपन के कारण किनार से चिपक जाएगा। अब गिलास को धीरे-धीरे उठाएं और उल्टा करके पकड़ें, न पानी गिरेगा और न ही कागज। दर्शक कह सकते हैं कि यह तो जाना-पहचाना वैज्ञानिक जादुई चाल है। अब धीरे-धीरे कागज हटाएं। तब दर्शक चकित हो जाएंगे, क्योंकि पानी की बूंद तक नहीं टपकेगी, जबकि गिलास उल्टा किया गया है।

रहस्य: दर्शकों को पानी और कागज दिखाते समय प्लास्टिक शीट का टुकड़ा कागज के पीछे छिपाए रखें। गिलास को पेपर से ढकते समय प्लास्टिक की शीट पहले रख दें। जब आप कागज सहित गिलास उल्टा करेंगे, तब दर्शक प्रभावित नहीं होंगे, क्योंकि यह एक आम वैज्ञानिक प्रयोग है, जिसे सभी सफलता से करते हैं, परन्तु कागज हटाने के बाद गिलास उल्टा करने पर वे अवश्य प्रभावित होंगे। ध्यान रखें कि प्लास्टिक का टुकड़ा गिलास के किनारों से ठीक से चिपका हो। चूंकि प्लास्टिक का टुकड़ा बारीक और पारदर्शी होगा। इसलिए दर्शक उसे देख नहीं सकेंगे और आपके जादुई चमत्कार पर किसी को सन्देह नहीं होगा।

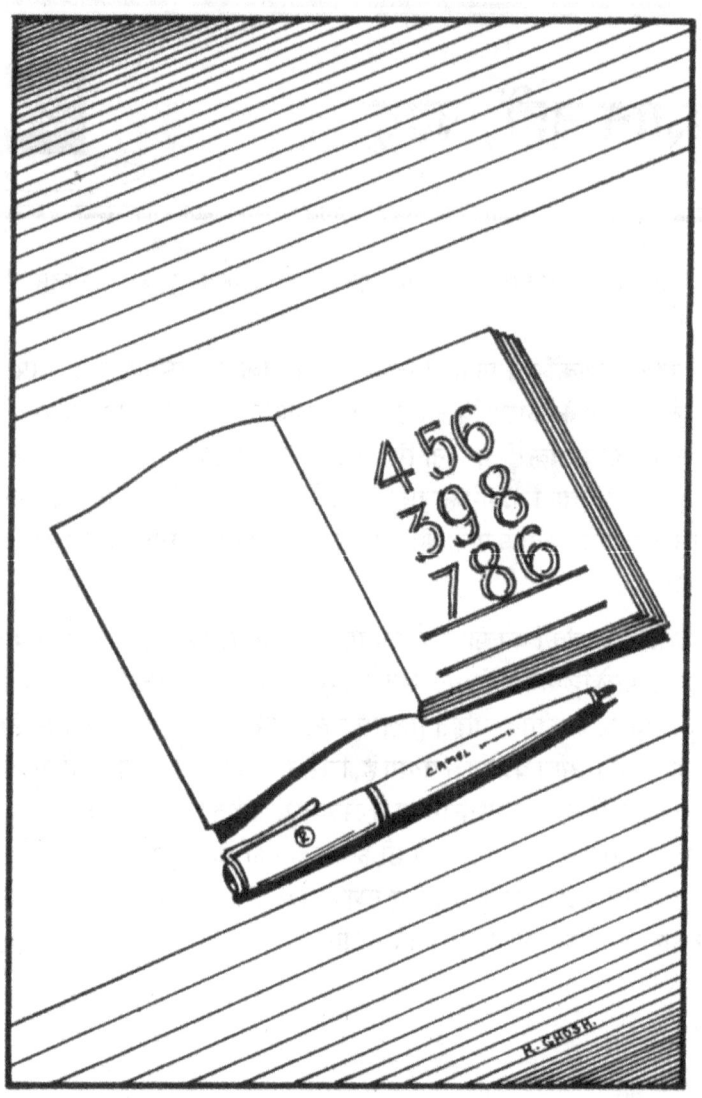

एल्यूमिनियम के चूर्ण, इस्पात के फिलिंग और लायको-पोडियम का मिश्रण मोमबत्ती पर फेंकने से इन्द्रधनुषी रंग बिखरेंगे।

अंकों का इन्द्रजाल

30

सामग्री: 100 पृष्ठों वाली एक कापी तथा कलम।

जादू: दुनिया में जादुई पत्रिकाएं बहुत ही कम हैं। 'लिंकिंग रिंग' (Linking Ring) अमरीका से छपने वाली ऐसी सबसे पुरानी पत्रिका है और आज भी बहुत प्रचलित है। यह पत्रिका हर महीने 'होकस-पोकस परेड' (Hocus-Pocus Parade) नामक शीर्षक के अन्तर्गत नवीनतम करिश्मे प्रकाशित करती है। इसी पत्रिका में रवि लायटू (जो आइवर यूशियल (Ivar Utial) के भी नाम से जाने जाते हैं) ने एक दिलचस्प करिश्मे के बारे में लिखा है, जो कि यहां प्रस्तुत है।

जादूगर तीन दर्शकों को कापी के पहले पन्ने पर तीन अलग-अलग संख्याएं लिखने के लिए कहता है। जब वह ऐसा कर रहे होते हैं, तो वह एक कागज के टुकड़े पर कोई संख्या लिखकर किसी दूसरे दर्शक को थमाता है। बाद में वह उन तीनों दर्शकों द्वारा लिखी संख्या को जोड़ने के लिए किसी से कहता है। उन संख्याओं का जोड़ वही है, जो संख्या उसने एक कागज पर लिखकर दी थी।

रहस्य: एक सफेद पन्नों वाली कापी लीजिए। उसपर खाकी कागज की जिल्द चढ़ाएं, ताकि वह दोनों ओर से एक जैसी ही दिखे। खेल शुरू होने से पहले ही एक पन्ने पर कोई तीन संख्याएं एक के नीचे एक लिखिए। उनका जोड़ याद रखिए, लिखिए मत। फिर जब दर्शकों से आप संख्या लिखवाएंगे, तो कापी उल्टी तरफ से उन्हें दीजिए। जिल्द के कारण कोई इस बात को नहीं जान सकेगा। जब वह अंक लिख दें, तो फिर उलटकर वह हिस्सा जोड़ के लिए दीजिए, जिसपर आपने पहले से ही अंक लिख रखे थे। यही है संख्या का करिश्मा।

■■

जादू की अपनी सारी चीजें और रसायन ताले बंद अलमारी या बक्से में सुरक्षित से रखें।

लाल रंग या काला ?

31

सामग्री: 10 लाल रंग के ताश के पत्ते, 10 काले रंग के ताश के पत्ते, 5 ब्लेड और एक चुंबक।

जादू: ताश के 10 पत्ते दर्शकों को दिखाइए और उन्हें 10 लिफाफों में डालिए। अब आप कहें कि आप केवल लिफाफों को छू कर बता सकेंगे कि किस लिफाफे में किस रंग का पत्ता है। तब दर्शक आपकी बात पर यकीन नहीं करेंगे, परन्तु आप उन्हें ऐसा करके दिखा सकते हैं। यही नहीं, आप अपने हाथ पीछे रखकर ऐसा कर सकते हैं।

रहस्य: आपको अपने पत्ते खेल के एक दिन पहले ही तैयार करने पड़ेंगे। पांच लाल पत्ते मेज पर उल्टे रखिए। हर पत्ते के ऊपर बीचोंबीच एक ब्लेड रखिए। फिर उल्टे पांच पत्ते उन पांच पत्तों पर एक-एक करके रखकर उन्हें गोंद से चिपका दीजिए। इसे ऐसे सफाई से कीजिए कि देखने पर पत्ते जुड़े हुए न मालूम हों। इसी प्रकार 10 काले पत्ते लेकर उनके पांच पत्ते बनाइए, पर इनमें ब्लेड न रखें। अब दोनों लाल और काले पत्तों की जोड़ियां एक ही वजन और आकार की प्रतीत होंगी।

खेल शुरू होने पर ये 10 पत्ते दिखाइए, उन्हें लिफाफे में डालिए और दर्शकों का विश्वास दिलाने के लिए उन्हें दिखाइए। जब कहे आपको वापस दें, तो उन्हें अपने पीछे ले जाएं। अपनी पिछली जेब से एक चुम्बक निकालिए और एक-एक लिफाफे को छू कर अंदर के ताश का रंग बताइए। ब्लेड होने के कारण लाल रंग के ताश वाले लिफाफे चुंबक की ओर आकर्षित होंगे और आप रंग बता सकेंगे।

सावधानी: ब्लेड बड़े तेज होते हैं और खतरनाक सिद्ध हो सकते हैं। इसलिए पूरी सावधानी रखिए।

■■

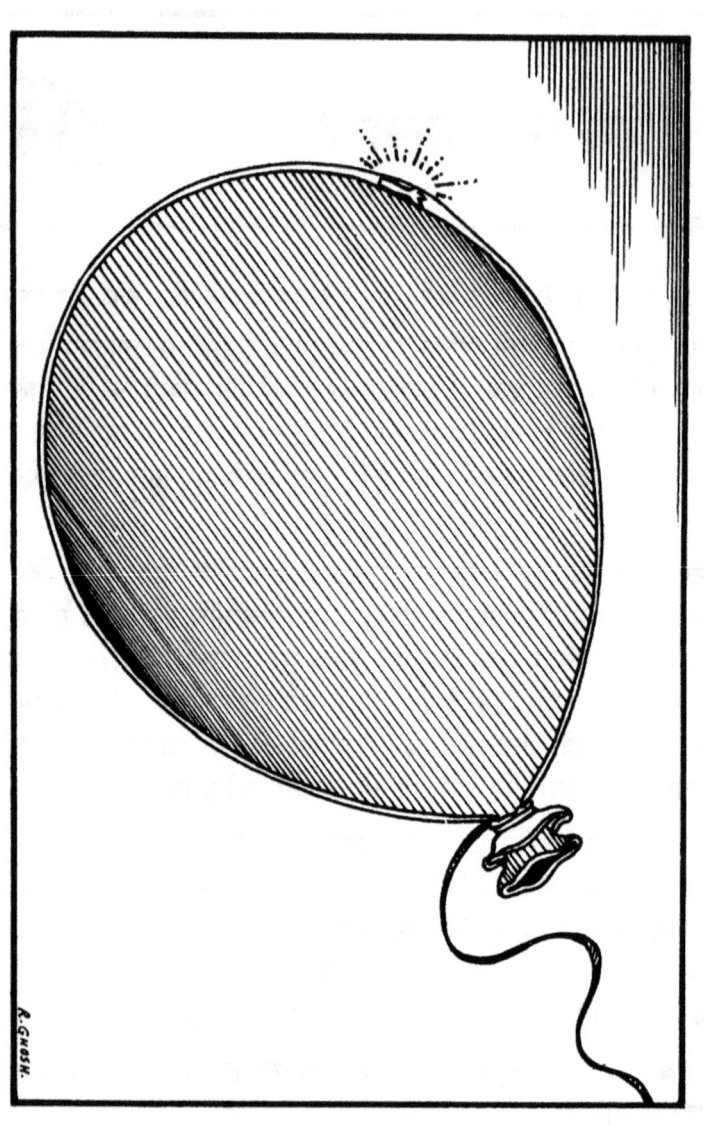

छोटे-छोटे करतबों को तुच्छ समझकर नजरअंदाज न करें। आम तौर पर छोटी चालें ही बड़े-बड़े इन्द्रजाल से अधिक चौंधिया देती हैं।

रंग बदलने वाला गुब्बारा

32

सामग्री: लाल गुब्बारा, हरा गुब्बारा, लौंग और धागे का एक टुकड़ा।

जादू: पश्चिमी देशों में रंग बदलने का करिश्मा बहुत लोकप्रिय है। अमरीका में एक बौने जादूगर ने अपना नाम 'रंगों का राजा' (Colour King) रखा है। वह ग्रामोफोन, पंख, सिल्क, गुब्बारे, माचिस की तीलियों, टोपियों आदि के रंग बदलता है।

यहां एक ऐसा ही रंग बदलने का लोकप्रिय करिश्मा प्रस्तुत है। जब आप किसी जन्म दिवस की पार्टी में जाएं, तो यह करिश्मा दिखा सकते हैं। लाल रंग का एक गुब्बारा लीजिए और 'गिलीगिली' कहिए। यह क्या? लाल गुब्बारा हरा हो गया। जी हां! यह जादू आप भी कर सकते हैं।

रहस्य: प्राय: सभी रंग बदलने वाले करिश्मों के लिए अभ्यास की आवश्यकता है और आपकी सफलता इसी पर निर्भर है। खेल से पहले कुछ तैयारियां कीजिए। एक लाल गुब्बारे के अन्दर एक लौंग डालिए और एक हरे रंग का गुब्बारा भी इसके अन्दर डालिए। फिर दोनों गुब्बारों के मुंह को पकड़कर फुलाइए। हरे रंग का गुब्बारा फूलते ही लाल रंग का गुब्बारा भी अपने आप फूल जाएगा। दोनों के बीच में लौंग रह जाएगी। अब उनके मुंह को धागे से बांध दीजिए और खेल शुरू कीजिए।

जब आप फूला हुआ लाल गुब्बारा दिखाएंगे, तो दर्शक इस बात से अनभिज्ञ होंगे कि उसमें हरा गुब्बारा भी है। दर्शकों को गुब्बारा दिखाकर अपने नाखून से लौंग को खरोंचिए। तब लाल गुब्बारा फट जाएगा और हरा दिखने लगेगा। लाल गुब्बारे के टुकड़े मुंह तक आ जाएंगे, जिन्हें आप उंगलियों से निकाल लें।

लौंग खरोंचते समय ध्यान रखिए कि सावधानी से काम हो रहा है, अन्यथा दोनों गुब्बारे फट जाएंगे।

■■

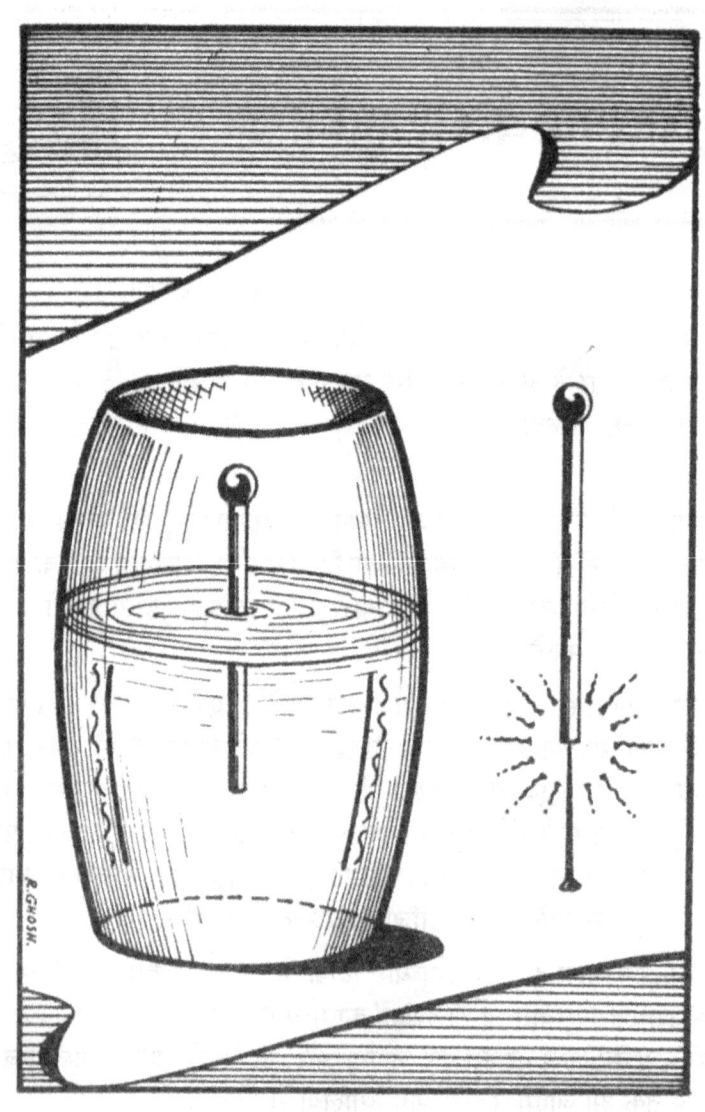

कोई भी रासायनिक करिश्मा वयस्क लोगों की उपस्थिति में ही करें। असावधानी या अत्यधिक आत्मविश्वास घातक हो सकता है।

मदारी का जादू

33

सामग्री: माचिस की दो तीलियां, माचिस की डिब्बी तथा एक आलपिन।

जादू: बचपन में स्कूल जाते समय स्कूल के सामने सड़क के किनारे अपने कारनामे दिखाता एक मदारी मुझे आज भी याद है। वह बड़े रोचक करिश्मा दिखाता था। उनमें से एक इस प्रकार है:

मदारी ने हम बच्चों को बताया कि उसके पास एक ऐसी जादुई माचिस है, जो हमारे परीक्षा-परिणाम बता सकती है। स्वाभाविक था कि हम सब परिणाम जानने के लिए उत्सुक हो गए। हममें से एक लड़के ने आगे बढ़कर अपना परिणाम जानना चाहा। मदारी ने जादुई माचिस की डिबिया से तीलियां निकालते हुए उससे कहा कि वह उनमें से एक को पानी में डाले। जैसे ही लड़के ने तीली गिलास में डाली, वह आड़ी होकर तैरने लगी। तब मदारी ने उसे दूसरी तीली दी। वह पानी में सीधी खड़ी हो गई। मदारी ने तब खुशी से घोषणा की कि लड़का प्रथम श्रेणी में पास होगा। लड़का फूला नहीं समाया। उसने पढ़ाई पर ध्यान देना बंद कर दिया और जाहिर है कि वह परीक्षा में फेल हो गया।

रहस्य: माचिस की तीली पानी में सीधी खड़ी रहे, इसके लिए तीली के नीचे आलपिन खोंस दें। पानी में गिराते समय पिन का छोर नीचे रखें और तीली का मसाले वाला भाग ऊपर। इससे तीली पानी में सीधी खड़ी रहेगी।

■ ■

केन्द्रीय शक्ति के कारण पानी से भरी बाल्टी का पानी बांह सीधी करके बाल्टी झुलाने पर भी नहीं गिरेगा।

पत्ता कट गया

34

सामग्री: एक कैंची तथा एक विजिटिंग कार्ड।

जादू: जादू सीखने का सर्वोत्तम उपाय है - जादू के प्रयोग करना शुरू कर दें। आपको मेरी यही राय है कि अभ्यास ऐसी चालों से आरंभ करें, जो दर्शकों को सम्मोहित करने के बजाय उन्हें हैरान कर दें। जो भी करिश्मा दर्शकों को चक्कर में डाल दे, वही सफल मनोरंजन है। यहां हम आपको ऐसी ही एक रोमांचित करने वाली चाल के बारे में बताएंगे, जो आपके दर्शकों को चकित कर देगी।

दर्शकों को एक छोटा कार्ड व कैंची दिखाएं। यह कार्ड विजिटिंग कार्ड के आकार का हो। दर्शकों को बताएं कि अब आप इस कार्ड को हवा में उछालेंगे और जैसे ही यह नीचे आएगा, आप हवा में ही इसके किनारे को कतर डालेंगे। आप दावा करें कि हालांकि यह कठिन है। फिर भी आप इसे कर सकते हैं, क्योंकि आपको वर्षों के अभ्यास ने माहिर बना दिया है। आप इसे साबित कर सकते हैं। हो सकता है कि कोई दर्शक आपको चुनौती दे। तब आप उसे कार्ड व कैंची पकड़ा दें। वह ऐसा दुस्साहस करने में असमर्थ रहेगा।

रहस्य: खेल आरंभ करने से पूर्व कार्ड का सिरा काटकर उसे कैंची के दोनों ब्लेड के बीच फंसा दें। कार्ड ऊपर फेंकते ही कैंची से उसका कोना काटने का अभिनय आप करें। कैंची खुलते ही कार्ड की कतरन नीचे गिर जाएगी या हवा में तैरती हुई नीचे आएगी। तब लगेगा कि आपने सचमुच टुकड़ा काटा है।

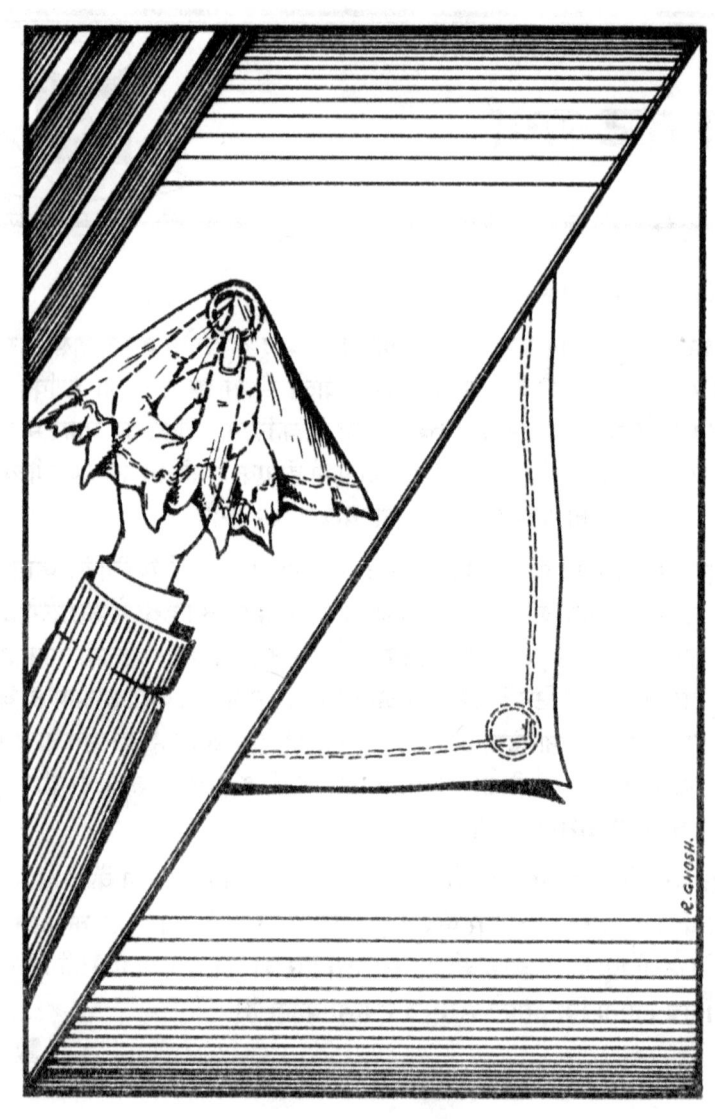

'निकल क्लोराइड' के पतले घोल से लिखा संदेश थोड़ी-सी गर्मी देने पर दिखने लगेगा।

हास्य-जादू बनाम 'फनज्यूरिंग' 35

सामग्री: रुमाल, एक अंगूठी (नकली), एक अंगूठी (असली) तथा सुई-धागा।

जादू: पॉल डैनियल नामक विश्वविख्यात हास्य अभिनेता-जादूगर का कहना है कि वह 'फनज्यूरर' हैं। वह केवल जादू ही नहीं दिखाते, बल्कि उन चालों में हास्य भी गूंथ देते हैं, जिसके कारण वह 'हास्य-जादू' में माहिर माने जाते हैं।

पॉल डैनियल की एक चाल यहां दी जा रही है, जो उन्हें विशेष प्रिय है। उसे वह अपने हर 'शो' में दिखाते हैं।

किसी महिला दर्शक से वह अंगूठी मांगते हैं, उसे रुमाल में रखते हैं और मंत्र पढ़ते हैं। जब वह रुमाल उठाते हैं, तो अंगूठी गायब रहती है।

रहस्य: यद्यपि यह चाल बहुत प्रभावित करने वाली है। फिर भी अति सरल है। आवश्यकता है अभ्यास की। इस करिश्मे की कुंजी है रुमाल के किनारों की सिलाई के भीतर छिपाई हुई नकली अंगूठी। दर्शक की असली अंगूठी को रुमाल से ढकने के उपरान्त चतुराई से उसे हाथ में ले लें और किनारे पर सी हुई अंगूठी को ढके रुमाल से इस प्रकार उभारकर दिखाएं, मानो वही असली अंगूठी हो।

इसी बीच असली अंगूठी छिपा लें, रुमाल किसी दर्शक को दे दें और उससे कहें कि वह उसे भली प्रकार झाड़ दे। यदि दर्शक रुमाल झाड़ता है और वह खाली मिलता है, तो अन्य दर्शक अधिक प्रभावित होते हैं।

■ ■

जादूगर शौकिया हो या अनुभवी, रासायनिक चालें दिखाते समय दुर्घटनाएं हो सकती हैं। अत: उस समय अधिक सावधानी बरतें।

गुनगुनाती छुरी

36

सामग्री: ताश के पत्तों की एक गड्डी तथा स्टील की छुरी।

जादू: ताश के पत्तों का एक पूरा पैक लीजिए और दर्शकों को दिखाकर उन्हें जांचने के लिए दे दें। अब उन्हें फेंटकर, दर्शकों को दिखाकर, मेज पर रख दें। मक्खन की छुरी लेकर पत्तों के ढेर के बीच घुसाकर उन्हें दो हिस्सों में बांट लें। दर्शकों में से किसी एक से कहें कि वह ऊपर का पूरा भाग उठा लें और साथ ही घोषणा करें कि आप उस भाग का आखिरी पत्ता बिना देखे बखूबी बता सकते हैं।

दर्शक इसपर सन्देह करेंगे, पर आप अपनी बात सही साबित करेंगे। छुरी को अपने कान से लगाएं, मानो वह आपको भेद बता रही हो। और अब पत्ते की घोषणा कर दें।

रहस्य: इस चाल का रहस्य छिपा है स्टेनलेस स्टील की नई चमचमाती छुरी में। पत्तों को मेज पर रखकर उसमें छुरी भोंकिए, पर ध्यान रहे कि छुरी किनारे से डालें। दो-तीन बार इस प्रकार करने पर आपको पत्ते के कोने पर छपा नम्बर व पत्ते का रंग छुरी पर नजर आएगा। इस प्रतिबिम्बित नंबर व रंग को ध्यान में रखकर घोषणा करें। तब सभी दर्शक दंग रह जाएंगे।

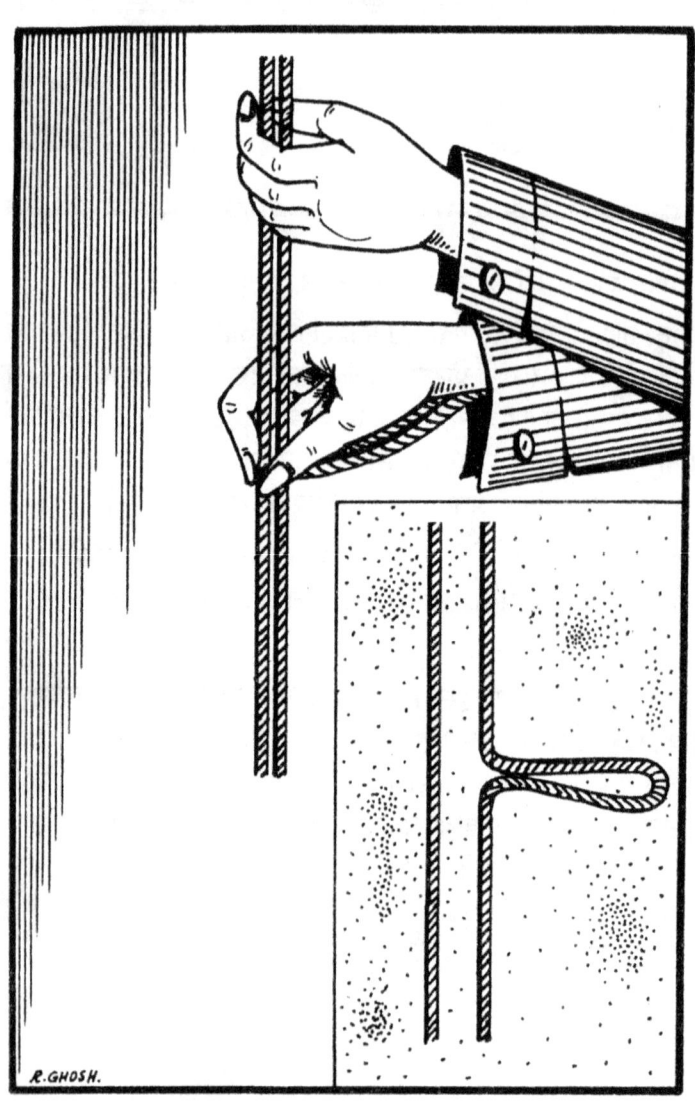

मर्क्यूरस नाइट्रेट के तीव्र घोल से लिखे अदृश्य संदेश पर यदि अमोनिया की भाप डाली जाए, तो वह संदेश पढ़ा जा सकता है।

हाथ की सफाई

37

सामग्री: रस्सी का एक फुट तथा एक मीटर लंबा एक-एक टुकड़ा।

जादू: श्री टायडे (Tayade) बम्बई के एक उच्च कोटि के जादूगर थे। वह संवाददाता सम्मेलन में पत्रकारों को अपने प्रिय कारनामे दिखाया करते थे। आप भी यह सनसनीखेज करिश्मा केवल रस्सियों के दो टुकड़ों से दिखा सकते हैं। एक रस्सी का टुकड़ा एक दर्शक को दीजिए और दूसरा अपने पास रखिए। उस दर्शक से कहिए कि वह वैसा ही करे, जैसा कि आप करें। अपने रस्से को बीच में बायें हाथ से कसकर पकड़िए। वह दर्शक भी ऐसा ही करेगा। फिर रस्से का एक कोना पकड़िए और खींचना शुरू कीजिए। तब आपकी रस्सी लंबी होती जाएगी, जबकि उसकी रस्सी भरसक प्रयत्न करने के बावजूद एक इंच भी नहीं बढ़ेगी।

रहस्य: बहुत-से करिश्मे किसी एक सीधे रहस्य से नहीं बनते, बल्कि उसके लिए काफी खोज और अभ्यास की आवश्यकता होती है। इस करिश्मे के लिए आपकी हाथ की सफाई दर्शकों को चकमा देती है। यदि आप चित्र को देखें, तो आप रहस्य को जान जाएंगे। यह आपके हाथ की सफाई और भुलावे में डालने की निपुणता पर निर्भर है। खेल शुरू करने से पहले लम्बी रस्सी को अपने बाजू पर रखिए और ऊपर से कोट पहन लीजिए, जैसा कि चित्र में दर्शाया गया है। उनके कोने अपने बायें हाथ में एक साथ पकड़िए। दर्शकों को ऐसा प्रतीत होगा कि आपके हाथ में एक छोटी रस्सी है। फिर एक छोटी रस्सी लेकर खेल आरंभ कीजिए। छोटी रस्सी दर्शक को दीजिए और उसे वैसा ही करने के लिए कहिए, जैसे आप कर रहे हों। तब दर्शक चकित रह जाएंगे।

■ ■

कच्चे और उबले अंडों की पहचान के लिए अंडों को जमीन पर लट्टू की तरह घुमाएं। उबला अंडा देर तक घूमेगा।

एक पत्ता, दो चेहरे

38

सामग्री: एक समान दो-दो पत्ते जैसे चिड़ी की दो पंजियां, हुकुम की दो रानियां और गोंद।

जादू: व्यापारी वर्ग का आदर्श-वाक्य (Motto) है, ''ग्राहक हमेशा ठीक कहता है,'' परंतु एक जादूगर का आदर्श-वाक्य है, ''दर्शक सदैव गलत कहता है।'' आप विश्वास नहीं करते मेरी बात पर? तो लीजिए, मैं ताश के पत्तों की इस चाल से अपनी बात साबित करता हूं। अपने दर्शकों को ताश के दो पत्ते दिखाइए - हुकुम की रानी और चिड़ी की पंजी। अब इन्हें अपने हैट या किसी डिब्बे में डाल दें। फिर इसमें से रानी उठाएं और दर्शकों से कहें कि अब आप उनकी स्मरणशक्ति की परीक्षा लेंगे। पत्ते को अपनी जेब में डालें। किसी एक दर्शक से पूछें, ''हैट (या डिब्बा) में अब कौन-सा पत्ता बचा है?'' वह ठीक बताएगा कि चिड़ी की पंजी बची है, पर आप दावा करेंगे कि उसने गलत बताया है, क्योंकि रानी हैट में है और पंजी तो आपकी जेब में है। दर्शक मानेगा नहीं। तब आप हैट से रानी और जेब से पंजी निकालेंगे। आपकी बात सच निकलेगी। इस समय तक दर्शकों की उत्सुकता चरमसीमा तक पहुंच चुकी होगी और तालियों की गूंज से आपकी चाल का स्वागत होगा। इस चाल को बार-बार भी दिखाया जा सकता है।

रहस्य: दोनों पत्तों में से एक-एक पत्ता लें और उन्हें पीछे की ओर से जोड़ दें, जिससे एक-एक पत्ते के दो चेहरे हो जाएंगे। अब दो अलग-अलग पत्ते दिखाते हुए हैट में रख दें। हैट में से एक पत्ता उठाएं। उसका रानी वाला हिस्सा दर्शकों को दिखाते हुए उसे जेब में रख लें। पूछे जाने पर जब दर्शक कहेगा कि रानी तो आपकी जेब में है, तो हैट में से पत्ता उठाकर उसका रानी वाला भाग दर्शकों को दिखाएं। अपनी जेब से पता निकालते हुए चतुराई से उसका चिड़ी की पंजी वाला भाग दिखाएं।

अब यह प्रमाणित हो जाएगा कि दर्शक गलत हैं और आप सही हैं।

पोटाशियम ब्रोमाइड के घोल से लिखे शब्दों पर कॉपर सल्फेट का घोल लगाने पर लिखाई पीली हो जाती है।

फर्स्ट ऐड मैचबॉक्स

39

सामग्री: एक माचिस की खाली डिबिया, जिसके दोनों ओर एक ही जैसे लेबल हों, रूई, पट्टी और माचिस की 10 तीलियां।

जादू: भारत मैजिक सर्कल (Bharat Magic Circle) के सदस्य गर्मियों में पिकनिक मनाते हैं। वहां हर जादूगर को अपना कोई-न-कोई करिश्मा दिखाना पड़ता है। आम तौर पर एक विशेष बैठक में इस सर्कल के सदस्य जादू के मुख्य रहस्यों का आदान-प्रदान भी करते हैं। एक दिन ऐसी एक बैठक के दौरान एक अव्यावसायिक जादूगर दौड़ता हुआ आया और पूछने लगा कि क्या हम में से किसी के पास रूई और पट्टी है, क्योंकि उसकी उंगली कट गई थी। दुर्भाग्यवश हमारे पास 'फर्स्ट ऐड बाक्स' (First Aid Box) नहीं था। मैं क्षमा मांगने ही वाला था कि दिल्ली के एक जादूगर महिंदर ने कहा कि वह रूई और पट्टी तैयार कर सकते हैं। उन्होंने भरी हुई माचिस की डिबिया हमें दिखाई और कुछ जादुई शब्द कहे। जब उन्होंने डिबिया खोली, तो उसमें रूई और पट्टी थी। उसके जादू से हमें उस दिन बहुत सहायता मिली।

रहस्य: खेल शुरू करने से पहले तीलियों को 'ट्रे' के निचले बाहरी हिस्से में ऐसे रखें कि उल्टी तरफ से डिबिया खोलने पर डिब्बी भरी हुई प्रतीत हो। अब ट्रे के अन्दर दो भाग करें। एक में रूई और एक में पट्टी रख दें। अब आपका 'फर्स्ट ऐड बाक्स' (First Aid Box) तैयार है।

■ ■

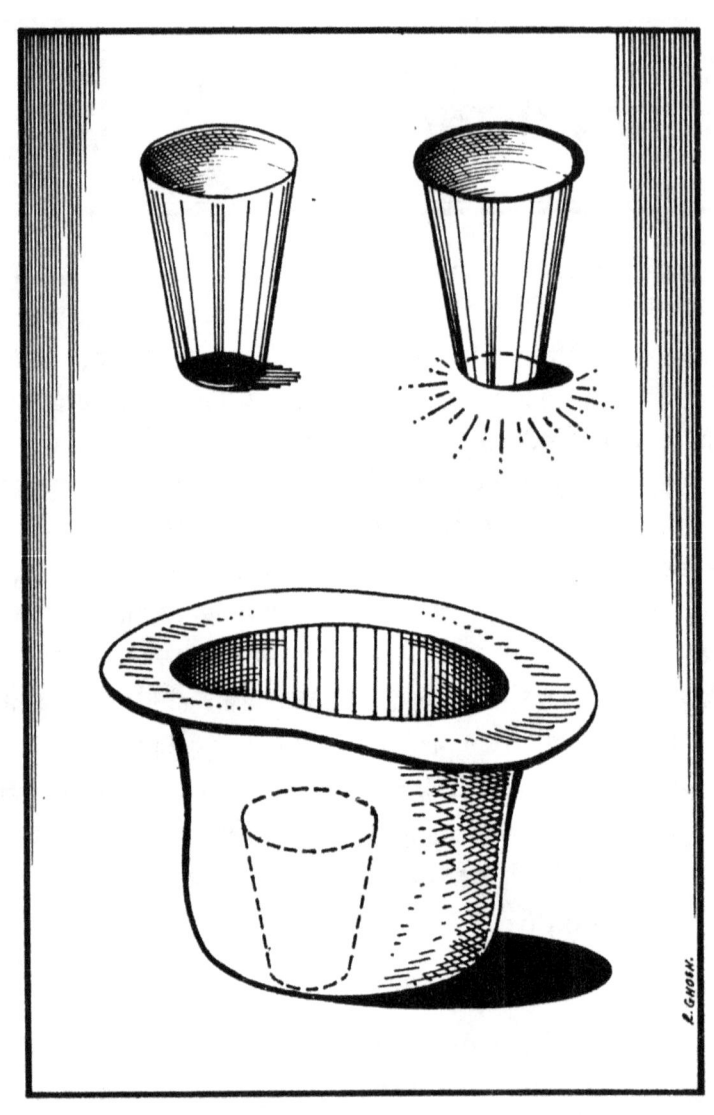

जितने अधिक जादू के प्रयोग आप करेंगे, उतना ही आप का अभ्यास बढ़ेगा तथा आप दर्शकों की मानसिकता जान पाएंगे।

ओह ! भूल हो गई

40

सामग्री: जादूगर का हैट, कागज के दो गिलास, पानी (चित्र में दिए गिलास नं. 1 को देखिए। इस प्रकार आप भी एक गिलास के मुड़े किनारे काट दीजिए। चित्र नं. 2 की भांति दूसरे गिलास का तला काटिए)। अब गिलास नं. 1, गिलास नं. 2 के बीच समा जाएगा। लगेंगे, मानो एक ही गिलास हो।

जादू: अब एक रोचक मजेदार चाल देखें, जो किसी भी जादूगर को सराहना ही दिलाएगी। इसमें जादूगर ऐसा दिखाएगा, जैसे उसने बड़ी गलती की है, जो बाद में ठीक ही साबित होगी। जादूगर अपना हैट व एक गिलास दर्शकों को दिखाएगा। अब पानी लेकर वह मेज पर रखे कागज के गिलास में डालने के स्थान पर अपनी हैट में उंड़ेलेगा। यह कार्य वह इस प्रकार करेगा, मानो नींद में कर रहा हो। वह शीघ्र ही अपनी भूल समझ में आ जाने का बहाना करेगा और गिलास उठाकर हैट के अन्दर रखेगा तथा अपने जादुई मंत्र का उच्चारण करेगा, छड़ी घुमाएगा और हैट में से भरा हुआ पेपरकप यानी कागज का गिलास निकालेगा। हैट उठाकर दिखाएगा, तो आप पाएंगे कि हैट तो सूखा है। दर्शक आश्चर्यचकित होंगे - यह आखिर कैसे संभव है?

रहस्य: सबसे पहले दर्शकों को हैट व गिलास (जो एक के भीतर एक रखे हैं) दिखाइए। सहज ही हैट मेज पर रख दीजिए और उसके अन्दर गिलास रख दें, पर उसी वक्त गलती का एहसास कर गिलास निकालकर मेज पर रख दें। वास्तव में आपने बिना तले का गिलास (नं. 2) उठाकर मेज पर रखा है। अब पानी लेकर उसे दर्शकों को दिखाते हुए हैट में उंड़ेलना आरम्भ करें, जबकि वास्तव में आप गिलास (नं. 1), जो हैट के भीतर रखा है, में पानी उंड़ेल रहे हैं। दर्शक तो चकित होंगे कि भला जादूगर हैट में पानी क्यों डाल रहा है, जबकि उसे गिलास में डालना चाहिए। अब अपनी गलती मानिए, थोड़े शर्मिंदा होकर, "माफ कीजिएगा!" कहिए। "अरे, मैंने हैट में पानी क्यों डाला?" कहते हुए गिलास (नं. 2) उठाकर चालाकी से पहले गिलास के बीच फंसा दीजिए। याद रखें, यह गिलास बिना तले का है। दोनों गिलास एक-दूसरे में समा जाएंगे। आप जब पानी से भरा गिलास दिखाएंगे और आपका हैट खाली व सूखा दिखेगा, तो निःसंदेह आपके दर्शक तालियों की गड़गड़ाहट से हॉल गुंजा देंगे।

■■

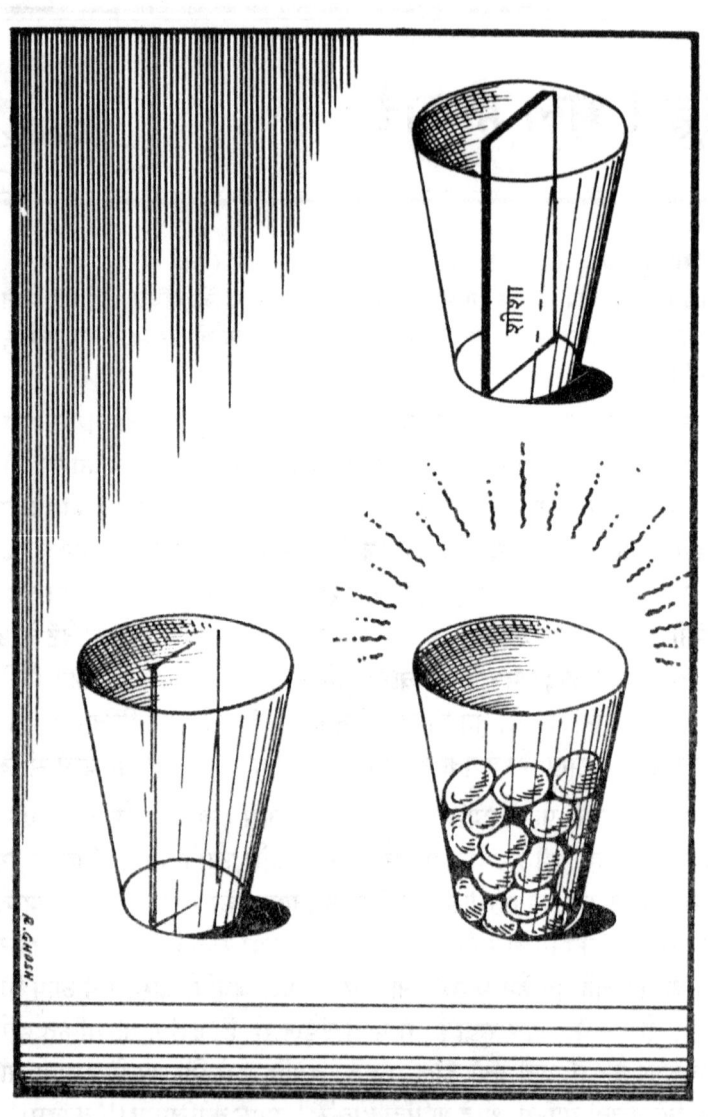

जादू-टोनों की मदद से लोगों को धोखा देने वाले ओझाओं के काले-कारनामे उजागर कीजिए।

जादू की टॉफियां

41

सामग्री: एक गिलास, जिसके बीचोंबीच आइने से शीशे का टुकड़ा फंसाया हो (कोई भी फोटो फ्रेम करने वाला यह बना देगा), टॉफियां, मिठाई, बिस्कुट, रुमाल तथा सिक्के।

जादू: जब आप स्कूल में या जन्म-दिन के अवसर पर अपना जादुई खेल दिखा रहे हों, तो वहां उपस्थित बच्चे टॉफियां, बिस्कुट, सिक्के आदि का प्रयोग बहुत पसन्द करते हैं। बाल-दर्शक तब जादूगर से बहुत खुश होते हैं, जब वह मिठाइयां, टॉफियां आदि हवा से ही पैदा कर देता है। इससे खेल का आनन्द दोगुना हो जाता है। बच्चों को दिखाने के लिए यह एक सरल चाल है। उन्हें अपने पास रखा खाली गिलास दिखाइए और इसे मेज पर रख दीजिए। अब दर्शकों में से किसी बच्चे से रुमाल मांगकर गिलास ढक दीजिए। जादू पर छोटा-सा भाषण देकर दर्शकों का उत्साह और उनकी उत्सुकता बढ़ाइए, फिर 'गिलीगिली' के उच्चारण के साथ ही रुमाल उठाइए। आपका गिलास टॉफियों, बिस्कुटों तथा सिक्के से भरा मिलेगा।

रहस्य: यह चाल सरल है। फिर भी पर्दे के पीछे अच्छी-खासी तैयारी की आवश्यकता होती है। गिलास के आधे हिस्से में टॉफियां, मिठाइयां आदि भर दें, जो गिलास के दूसरे आधे हिस्से से न दिखें। खाली हिस्सा बच्चों को दिखाकर आपको उन्हें विश्वास दिलाना है कि गिलास खाली है। रुमाल लेकर गिलास ढकते समय गिलास को घुमा दें, ताकि भरा हिस्सा दर्शकों की ओर आ जाए। रुमाल उठाते ही टॉफियों से भरा गिलास देखकर आपके दर्शक चकित हो जाएंगे। उस समय आपके पीछे कोई खड़ा न हो, इस बात का ध्यान रखें।

■ ■

जादूगरों की प्रख्यात संस्थाओं के सदस्य बनें, उनकी पत्रिकाएं पढ़ें और अपने विचारों से उन्हें अवगत कराएं।

मीठा-मीठा जादू

42

सामग्री : ताश के पत्तों की एक गड्डी, ब्लेड या कैंची, गोंद और चॉकलेट।

जादू : जादू एक ऐसी कला है, जिसे हर आयु का व्यक्ति पसंद करता है। जादूगर दुनियाभर में जहां भी जाते हैं, उन्हें 'सद्भावना का दूत' माना जाता है। एक बार 'अबूधाबी' के शाही परिवार में मैं अपना खेल दिखा रहा था। तभी एक बालक अचानक पूछ बैठा कि क्या मैं चॉकलेट बना सकता हूं। उस समय मैं ताश के पत्तों की कोई चाल दिखा रहा था। मैंने मौके का लाभ उठाया और बेझिझक यह करिश्मा कर दिखाया।

पत्तों को फेंटने के बाद मैंने बच्चे से हाथ फैलाने के लिए कहा। मूल मंत्र 'गिलीगिली' बोलते-बोलते बच्चे के हाथ पर मैंने ताश के जोड़े में से पैदा की हुई चॉकलेट रख दीं। सभी शेख और गणमान्य लोग यह चमत्कार देख दंग रह गए।

रहस्य : ताश के पत्तों की यह गड्डी कोई सामान्य गड्डी नहीं है, चाहे देखने में वैसी हो। इसके बीच का हिस्सा काटा गया है, जैसा कि चित्र में दिखाया है। दस पत्तों को काटकर उन्हें गोंद से चिपका लें। फिर इसके ऊपर और नीचे दो-दो पत्ते गोंद से चिपका दें। इससे चॉकलेट आदि छिपाने के लिए गुप्त स्थान बन गया है। खेल आरम्भ करें। पत्तों को फेंटते समय ध्यान रखें कि वह गुप्त भाग आपकी ओर हो।

आप 25 पैसे का सिक्का चुनेंगे।

सल्फ्यूरिक एसिड और पानी को 1 : 10 के अनुपात में मिलाकर लिखें। कागज गर्म करने पर लिखाई काले रंग में दिखने लगेगी।

मन आपका, खेलं हमारा

सामग्री : दो एक-एक रुपये के सिक्के, एक 50 पैसे का सिक्का, एक चवन्नी, एक विजिटिंग कार्ड और एक कलम।

जादू : आप भविष्यवाणी करने का यह करिश्मा किसी दर्शक से उसका विजिटिंग कार्ड लेकर आसानी से दिखा सकते हैं। कार्ड लेकर बाईं हथेली पर रखें और उसपर एक रुपया, 50 पैसे और 25 पैसे के सिक्के रखें। अब दर्शक से कहें कि वह कोई भी सिक्का मन ही मन चुन लें। फिर उसे बताएं कि आप उसके मस्तिष्क से उसका विचार बाहर निकालेंगे और वह भी बिना किसी शारीरिक श्रम के। अब उसे कहें कि वह चुना हुआ सिक्का छुए। आश्चर्य कि उसके छुए हुए सिक्के के नीचे 'x' निशान है, जबकि दूसरे सिक्कों के नीचे कुछ नहीं। जब वह यह सुनेगा और देखेगा, तो अचरज में पड़ जाएगा। सोचेगा, आपको टेलीपैथी का ज्ञान है।

रहस्य : खेल आरम्भ करने से पहले विजिटिंग कार्ड के बायें कोने 'x' पर निशान लगा लें। कार्ड के पीछे लिखें "आप 25 पैसे का सिक्का चुनेंगे"। अब एक रुपये का दूसरा सिक्का अपने बायें हाथ में रखें और कार्ड उसके ऊपर रखें। तीनों सिक्के इस प्रकार रखें - 50 पैसे का सिक्का 'x' निशान पर, रुपया बीच में और 25 पैसे का सिक्का आखिरी कोने में। अब खेल शुरू करें और दर्शक को सिक्का चुनने के लिए कहें।

यदि वह 50 पैसे का सिक्का छूता है, तो उसे कहिए कि सिक्के के नीचे 'x' होगा और उसे दिखा दें। यदि वह एक रुपया चुनता है, तो उस कार्ड को सिक्कों सहित चतुराई से उठाकर कार्ड के नीचे पड़ा दूसरा रुपया दिखा दें। यदि वह 25 पैसे चुनता है, तो सभी सिक्के हाथों में गिराकर झटपट कार्ड उलटकर कार्ड का पिछला हिस्सा दिखा दें, जिसपर लिखा है, "आप 25 पैसे का सिक्का चुनेंगे।" भविष्यवाणी देख वह दंग रह जाएगा।

ध्यान रहे- यह चाल एक ही स्थान के दर्शकों को दुबारा न दिखाएं।

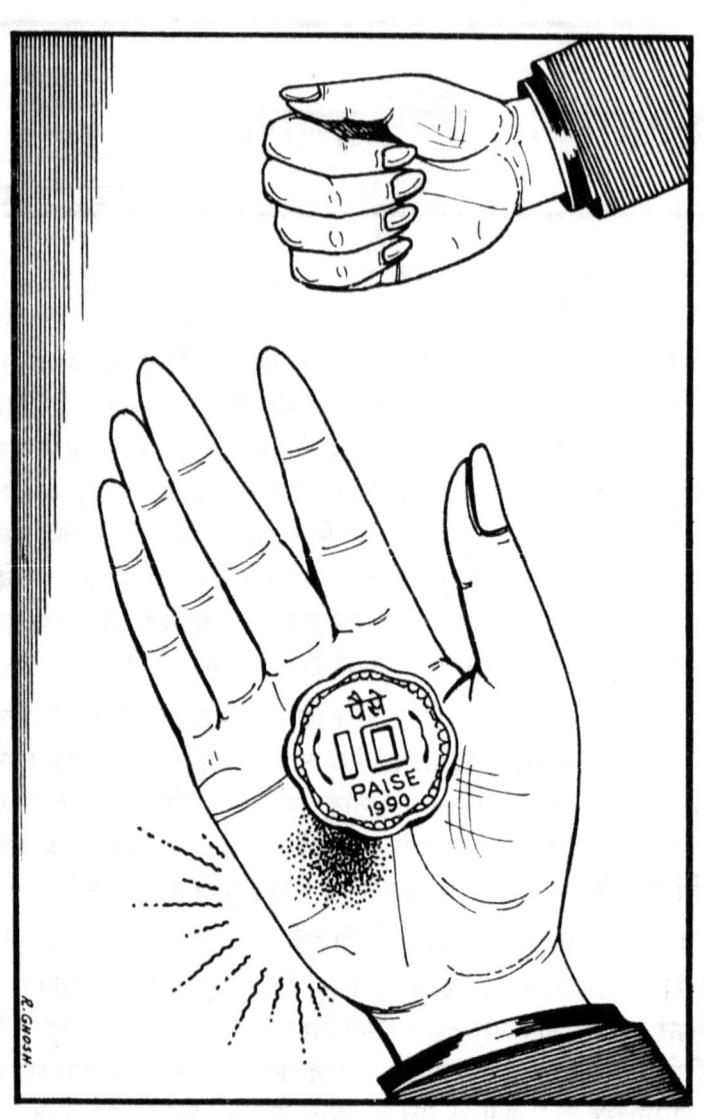

आग वाला कोई करिश्मा दिखाने से पूर्व सारी चेतावनियां पढ़ें तथा उनपर गौर करें।

गिलीगिली

44

सामग्री: मर्क्यूरस क्लोराइड पाउडर, 10 पैसे का एल्यूमिनियम का सिक्का तथा पानी।

जादू: काला जादू करने वाले लोग मानसिक परेशानियों से पीड़ित लोगों को विश्वास दिलाते हैं कि अपनी अलौकिक शक्ति से वे उन्हें ठीक कर देंगे। सभ्यता के अभ्युदय के समय से ही जादूगर ऐसी धोखाधड़ी के विरुद्ध आवाज उठाते चले आ रहे हैं। कई महान जादूगरों ने इन जादू-टोना करने वालों के विरुद्ध संघर्ष किए हैं। जैसे- रेजिनॉल्ड स्कॉट, हूडिनी, ब्लैकस्टोन, कार्डिनी, डेवनपोर्ट ब्रदर्स, चंग लिंग सू, कालानाग, सेसिल, लाइल और मस्केलीन। आज भी अंध-विश्वासों के खिलाफ संघर्ष जारी है, परंतु दुर्भाग्यवश लोग अभी भी उन्हें मानते हैं। यहां हम आपको 'वूडू' नामक काले जादू का एक रहस्य बताते हैं, जिसके द्वारा मासूम व सीधे-सादे ग्रामीणों को ठगा जाता है।

ऐसा जादू करने वाले के पास कोई ग्रामीण जाता है, तो वह उसे कोई सिक्का दिखाता है। मान लीजिए कि 10 पैसे का सिक्का है। वह उसकी हथेली पर सिक्का रख देता है और मुट्ठी बंद करने के लिए कहता है। फिर कहता है, "अब कल्पना करो कि सिक्का गर्म हो रहा है।" पल-भर में व्यक्ति मान जाता है कि सिक्का गर्म हो गया है। कुछ देर बाद सिक्का इतना गर्म हो जाता है कि उसे मुट्ठी में रखना असंभव हो जाता है। गर्मी असहनीय होते ही वह मुट्ठी खोल देता है और देखता है कि मुट्ठी में सिक्के के साथ राख भी है। वह आश्चर्यचकित होता है। तब झाड़-फूंक वाला उसे विश्वास दिलाता है कि भगवान ने ही उसके अन्दर का शैतान भगाकर उसे बचाने के लिए यह विभूति भेजी है।

रहस्य: यह एक सामान्य चाल है, जो रसायनशास्त्र पर आधारित है। इसे करने से पूर्व अपनी उंगलियां पानी में डुबोकर गीली कर लें और थोड़ा-सा मर्क्यूरस क्लोराइड पाउडर लेकर उसे सिक्के पर मल दें। अब सिक्के को दर्शक के हाथ में दे दें। मर्क्यूरस क्लोराइड जब एल्यूमिनियम के साथ लगता है, तो गर्मी के साथ-साथ राख भी बनती है। यही है जादू!

बोलो - 'गिलीगिली'।

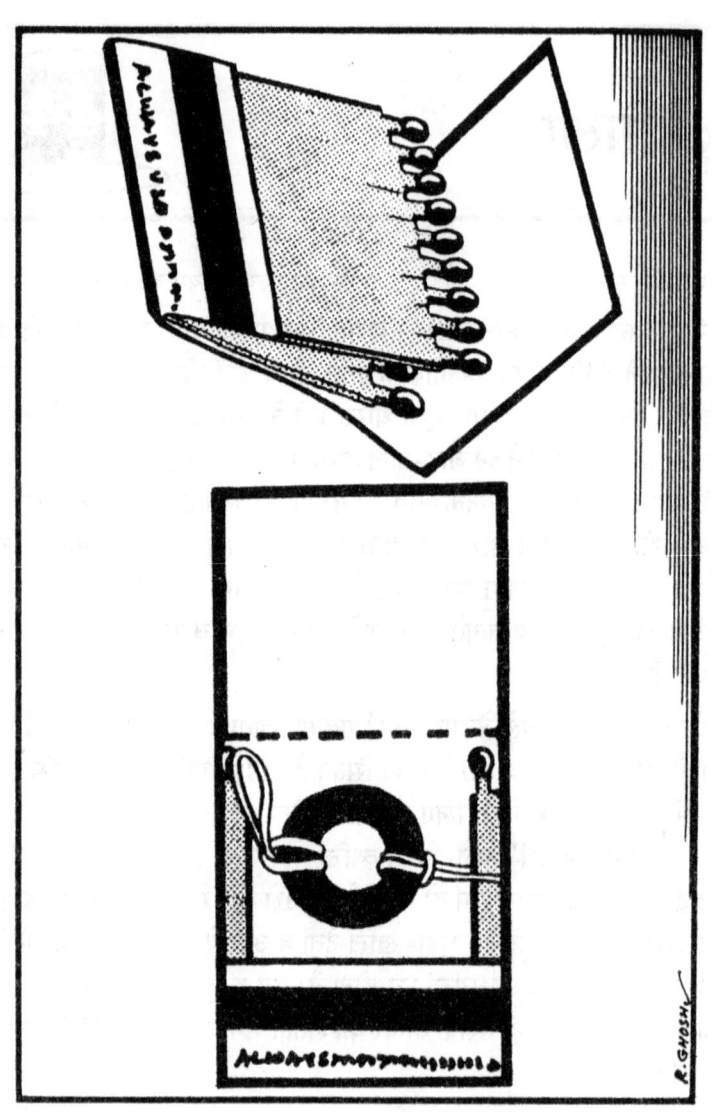

एक स्थान पर उन्हीं दर्शकों के समक्ष रासायनिक चालों को बार-बार मत दिखाइए। यह नियम जादू की सभी चालों पर लागू है।

जैसे को तैसा 45

सामग्री: जेब में रखने वाली डायरीनुमा माचिस, जिसे 'बुकमैच' कहते हैं, धातु की अंगूठी तथा दो रबरबैण्ड।

जादू : बहुत-से बच्चे जादू के खेल का आनन्द उठाने के बजाय उसके पीछे के रहस्य जानने में अधिक दिलचस्पी लेते हैं। ऐसे बच्चों के कारण कई बार जादूगर परेशान हो उठता है और उसकी एकाग्रता में बाधा पड़ती है। मुझे भी एक बार ऐसी समस्या का सामना करना पड़ा था। उन दिनों मैं अमरीका के टेनेसी राज्य में स्थित 'नैशविल' (जिसे संगीत का शहर कहते हैं) में वहां के मेयर के घर अपने जादुई कारनामे दिखा रहा था। तैयारी करने के लिए मैं समय से पूर्व वहां पहुंचा था। तभी एक लड़का (शायद मेयर का कोई रिश्तेदार था) वहां आ धमका और प्रश्न पूछकर मुझे परेशान करने लगा। मैंने उसे चुप कराने की लाख कोशिशें कीं, किंतु व्यर्थ।

इसी बीच मेरे एक सहयोगी ने मुझे 'बुकमैच' पकड़ाई। इसे मैंने सहज ही अलग रख दिया। लड़के ने उस 'बुकमैच' को देखते ही पूछा, "अंकल, यह क्या है?"

इससे पहले कि मैं कुछ कहूं, उसने उसे उठा लिया और खोला, परंतु अचानक ही माचिस से विचित्र-सी आवाज आई। लड़का घबरा गया और 'बुकमैच' वहीं फेंककर भाग गया। इसके बाद वह जादू देखने भी नहीं आया। शरारती लड़कों के लिए इसमें सबक है-दूसरों की वस्तुओं में अधिक ताक-झांक मत करो।

रहस्य : 'बुकमैच' में से बीच की सारी तीलियां निकाल लें, केवल दोनों सिरों पर एक-एक तीली रहने दें। दोनों रबरबैण्ड के बीच धातु की अंगूठी बांधें और रबरबैण्ड के सिरे दोनों ओर की तीलियों से बांध दें। अब धातु की अंगूठी को सात-आठ बार घुमा दें और 'बुकमैच' का कवर बंद कर दें। जो व्यक्ति यह कवर खोलेगा, एक विचित्र आवाज से चौंक उठेगा। यह आवाज रबरबैण्ड के बल खुलने से अंगूठी से निकलती है। शरारती बच्चों को डराने के लिए यह काफी है। है न?

■■

एल्यूमिनियम और सोडियम परऑक्साइड के चूर्ण में पानी मिलाने से धुआं पैदा किया जा सकता है।

बटनहोल का गुलाब

46

जादू: दूरदर्शन पर प्रसारित 'रामायण' और 'महाभारत' की कई कड़ियों में आपने धनुष, बाण या अन्य चीजें अचानक प्रकट होते देखी होंगी, मानो तत्क्षण कहीं से पैदा हो गईं हों। वास्तव में यह केवल कैमरे का चमत्कार है, जिसे आप आम बोलचाल की भाषा में 'कैमरा ट्रिक' कहते हैं। इसी प्रकार के कुछ करिश्मे आप स्टेज पर अपने दर्शकों के समक्ष भी दिखा सकते हैं।

एक बार यों हुआ कि 'बालानन्दम् जादू स्कूल' का एक विद्यार्थी वामसीकृष्ण पंडित जवाहरलाल नेहरू की 'मोनो ऐक्टिंग' कर रहा था। वह अभी स्टेज पर आया ही था कि ध्यान में आया, उसके कोट पर लगी गुलाब की कली गायब है। दर्शकों के ध्यान में यह बात आई और उनमें कानाफूसी शुरू हो गई। जादूगर ने चतुराई से काम लिया। उसने तीन बार अपने कोट पर हाथ फेरा, जादुई मंत्र बोला और यह क्या! गुलाब कोट पर आ गया। दर्शकों ने हर्षध्वनि की। वे आश्चर्यचकित थे।

रहस्य : एक रबर का धागा अर्थात् बारीक इलास्टिक लेकर उसका एक सिरा प्लास्टिक के एक गुलाब की डंडी से बांध लें। दूसरा सिरा 'बटनहोल' में से निकाल कर अपनी कमीज की जेब पर सेफ्टीपिन से लगा लें। खेल शुरू होने से पूर्व गुलाब को अपनी बगल में पीछे की ओर छिपा लें। बांह को शरीर से सटाए रखें, ताकि गुलाब टिका रहे। जादुई मंत्र के बाद जैसे ही आप बांह उठाएंगे, वैसे ही गुलाब इलास्टिक के कारण लपककर सामने आ जाएगा और बटनहोल पर टिक जाएगा। ध्यान रहे, रबर की डोरी का रंग आपके कोट के रंग से मेल खाता ही हो, ताकि वह दर्शकों को दिखे नहीं।

■ ■

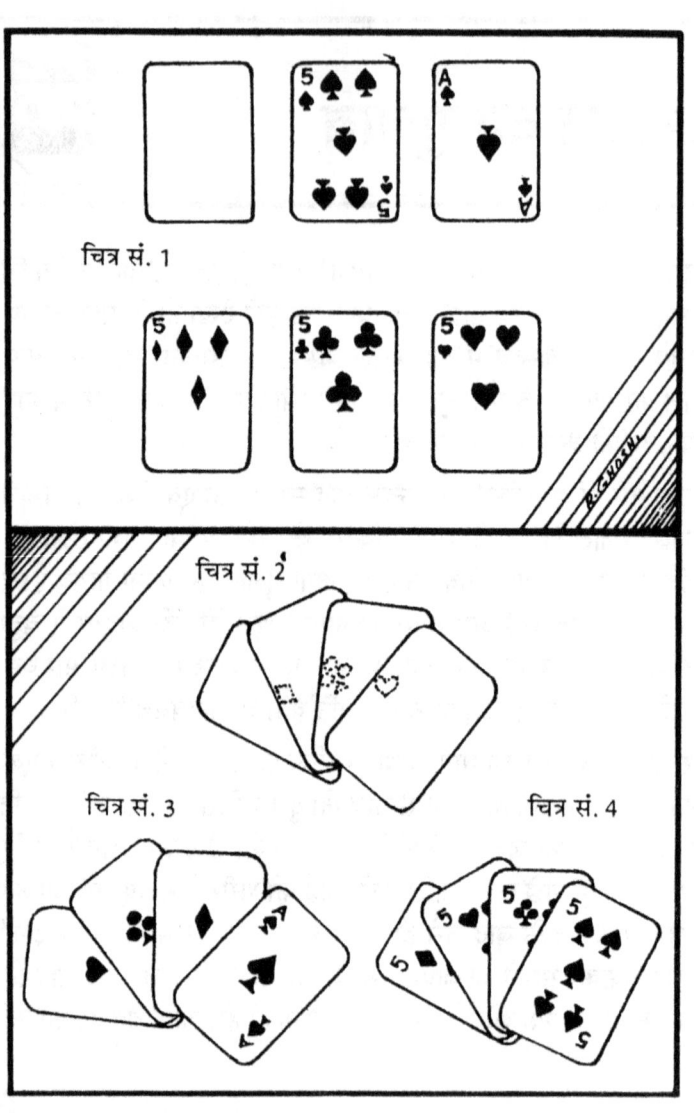

चित्र सं. 1

चित्र सं. 2

चित्र सं. 3

चित्र सं. 4

सल्फ्यूरिक एसिड और पानी समान मात्रा में मिलाने से तापमान बढ़ जाता है और पानी बहुत गर्म हो जाता है।

सारे इक्के आपके लिए

47

सामग्री: एक खाली कार्ड (पत्ते के आकार का), ताश के पत्ते की पान की पंजी, एक पान का इक्का तथा तीन पंजी के पत्ते, जिनपर केवल तीन-तीन ही निशान हों, जैसा चित्र में दिखाया गया है।

जादू: प्रोफेसर पी.एस. जैन दिल्ली के एक जादूगर हैं, जो पिछले 25 वर्षों से इस क्षेत्र में कई प्रतिबद्ध संगोष्ठियां एवं सम्मेलन आयोज़ित करा रहे हैं तथा हर वर्ष 'भारतीय जादूगर समाज' की वर्षगांठ मनाते चले आ रहे हैं।

लीजिए, उनकी एक प्रिय चाल देखिए- दर्शकों को चार खाली पत्ते (ताश के पत्तों के आकार के) दिखाइए। अब इसमें एक इक्का रखकर एक खाली पत्ता हटा दीजिए। कुछ देर पश्चात् अपना मूल मंत्र जपिए, कार्ड खोलिए। अरे वाह ! सभी खाली पत्ते इक्के बन गए। फिर इनमें से इक्का हटा दीजिए और उसके स्थान पर एक पंजी रखिए (मान लीजिए कि आपने हुकुम की पंजी रखी है)। जादुई छड़ी घुमाइए, पत्ते खोलिए। आश्चर्य, इस बार सब पत्ते पंजियां बन गए। ध्यान रहे, पत्ते पंखानुमा खोलने हैं।

रहस्य : यह बड़ी रोमांचक चाल है, परन्तु इसके लिए बहुत अभ्यास चाहिए और पूर्व तैयारी भी। चित्र में दिखाए तरीके से छः कार्ड बनाइए- चित्र संख्या (1) एक पत्ता बिल्कुल खाली, एक पंजी, इक्का और तीन पत्ते, जिनमें ऊपर तो पांच लिखे हों, पर बीच में केवल तीन चित्र हों और नीचे का हिस्सा खाली हो। चित्र संख्या (2) एक खाली पत्ता तथा तीन पंजियां इस प्रकार पकड़ी हैं कि वे खाली दिख रही हैं। चित्र संख्या (3) पत्ते ऐसे पकड़े हैं कि सभी इक्के दिख रहे हैं। चित्र संख्या (4) पत्तों को उल्टा कर लिया है। पंजियों के निचले खाली हिस्से को छिपाकर ऐसे पकड़ा है कि केवल पंजियां ही दृष्टिगोचर हो रही हैं।

सिगरेट के सिरे पर एल्यूमिनियम और सोडियम परऑक्साइड रखकर आप बर्फ से वह सिगरेट जला सकते हैं।

48 खोया हुआ इक्का

सामग्री : दो ईंट के इक्के, दो चिड़ी के इक्के, दो हुकुम के इक्के, एक पान का इक्का, एक ताश का पूरा सेट, गोंद तथा ब्लेड।

जादू : यह कारनामा ताश के पत्तों को अंतर्ध्यान करने के कई कारनामों का एक परिष्कृत रूप है। जादूगर पत्तों के सेट में से चार इक्के निकाल लेता है। दर्शकों से वह कोई डायरी, किताब या कॉपी मांगता है और उसके बीच इन पत्तों को रखता है। कुछ देर बाद वह एक पत्ते को निकालकर जेब में रखता है। अब वह दर्शक से पूछता है कि उसकी पुस्तक में कितने पत्ते बचे हैं? स्वभावतः कोई भी कहेगा, ''तीन बचे हैं।'' परन्तु अरे ! यह क्या? पुस्तक में तो एक ही पत्ता है। अन्य दो पत्ते कहां गए? और तब जादूगर उन दो पत्तों को ताश के सेट से, जो साथ ही मेज पर पड़ा है, निकालता है।

रहस्य : जो पत्ता जादूगर ने जेब में रखा था, वह उसके द्वारा पहले ही तैयार किया गया पत्ता है। आप भी ईंट के इक्के के टुकड़े काटकर उन्हें हुकुम के इक्के के ऊपर चिपकाकर इसे बना सकते हैं, जैसा कि चित्र में दिया गया है। पीछे से देखने पर यह एक पत्ता दिखता है। अब इस बनाए गए पत्ते के साथ पान का इक्का रखें और दिखाएं। लगेगा, जैसे चार इक्के हैं। इनको अब पुस्तक में रख दें। निकालते समय अपना बनाया हुआ पत्ता निकालें। उसे पीछे की तरफ से दर्शकों को दिखाएं कि एक पत्ता आपने निकाला है। उसे जेब में रखें। किताब खोलने पर उसमें एक ही पत्ता होगा। तब आप पत्ते के सेट में से वे दो पत्ते निकालकर दिखा दें।

यह भी हो सकता है कि ये दो पत्ते आप दर्शकों में से किसी एक की जेब से निकालें, परन्तु इसके लिए वह व्यक्ति आपका कोई अपना विश्वस्त साथी होना चाहिए, जिसे आप पहले से ही सारी जानकारी दे चुके होंगे।

■■

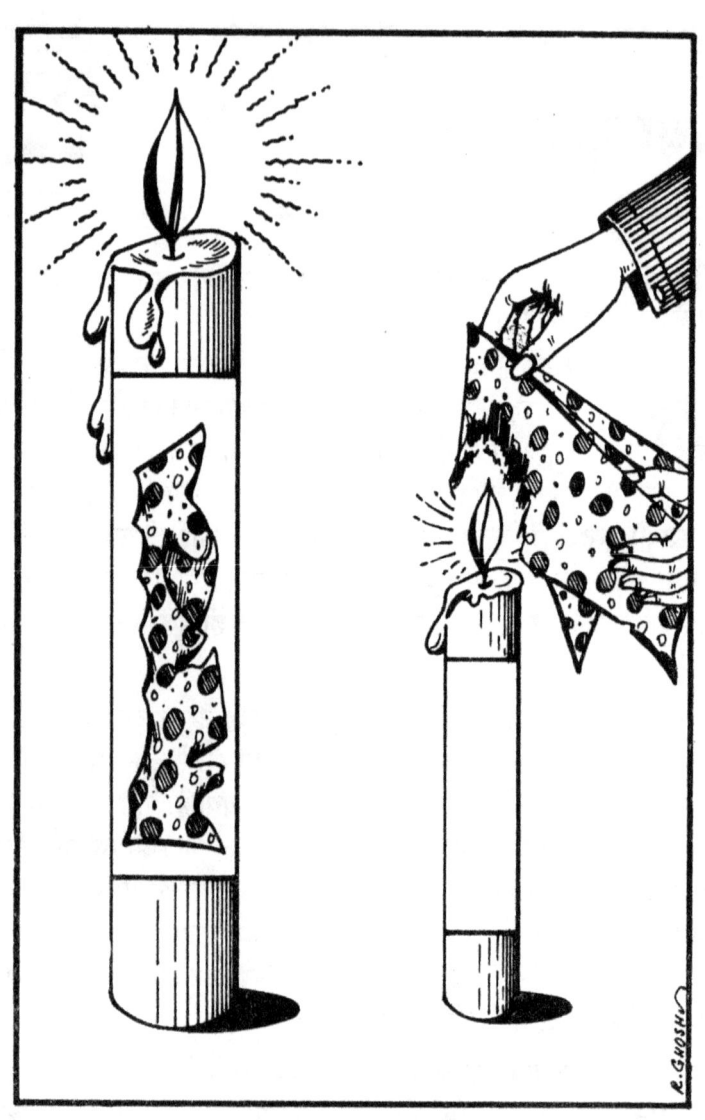

एक मोमबत्ती में क्रोमिक एसिड के कुछ कण और दूसरी में पूर्ण मिथेल अल्कोहल की कुछ बूंदें रखें। इन दोनों मोमबत्तियों को एक-दूसरे से स्पर्श कराएं। मोमबत्ती की लौ जल उठेंगी।

नकाब के पीछे

49

सामग्री: दो बिल्कुल एक जैसे रुमाल, एक मोमबत्ती (यह मोमबत्ती कागज की बनी हो। इसके ऊपर एवं नीचे सचमुच की मोमबत्ती हो तथा बीच में कागज की, जिसके भीतर एक रुमाल छिपा हो), एक खाली लिफाफा और माचिस।

जादू : पंजाब के जादूगर सागर एक प्रतिभावान जादूगर हैं, जिनके कई करिश्मे अन्य जादूगरों ने अपने खेल में अपनाए हैं। उनकी एक जानी-मानी करामात है रुमाल जलाना और उसकी राख से वही रुमाल फिर पैदा करना। दर्शकों में बैठी एक महिला से वह रुमाल मांगते हैं और उसे मोमबत्ती की लौ से जला देते हैं। महिला चिल्लाती है, पर वह रुकते नहीं हैं। मोमबत्ती बुझाकर एक लिफाफे में उसे रखते हैं। साथ ही रुमाल की राख और लिफाफा बन्द कर देते हैं। लिफाफा मेज पर रखकर अपने जादुई मंत्र 'गिलीगिली' का उच्चारण करते हैं, लिफाफा फाड़ते हैं और ... अरे! वही रुमाल? वह महिला भी मान जाती है कि रुमाल उसी का है। जादूगर सागर प्रशंसा पाते हैं।

रहस्य : यह जादुई चाल जादूगरों में बहुत लोकप्रिय है, क्योंकि इसमें कम सामग्री की आवश्यकता है और इससे दर्शकों की वाहवाही भी बहुत मिलती है। इस मायावी जाल के लिए सर्वप्रथम आवश्यक है कि वह महिला, जिससे आप रुमाल मांगेंगे, आपकी विश्वस्त सहयोगी हो, जिसे आपने दर्शकों में बैठाया है। जो रुमाल वह आपको देगी, वैसा ही रुमाल मोमबत्ती के भीतर आपने छिपाया होगा – वही रंग, वही आकार, वही डिजाइन। रुमाल मांगा हुआ जलाइए, मोमबत्ती बुझाकर रुमाल की राख के साथ लिफाफे में रखिए। एक ताली बजाइए, मंत्र का उच्चारण कीजिए और इतने जोर से लिफाफा फाड़िए कि कागज की बनी मोमबत्ती भी साथ ही फट जाए। अब रुमाल निकालिए, दर्शकों को दिखाइए। आपके हिस्से में तालियां और प्रशंसा ही आएगी।

■■

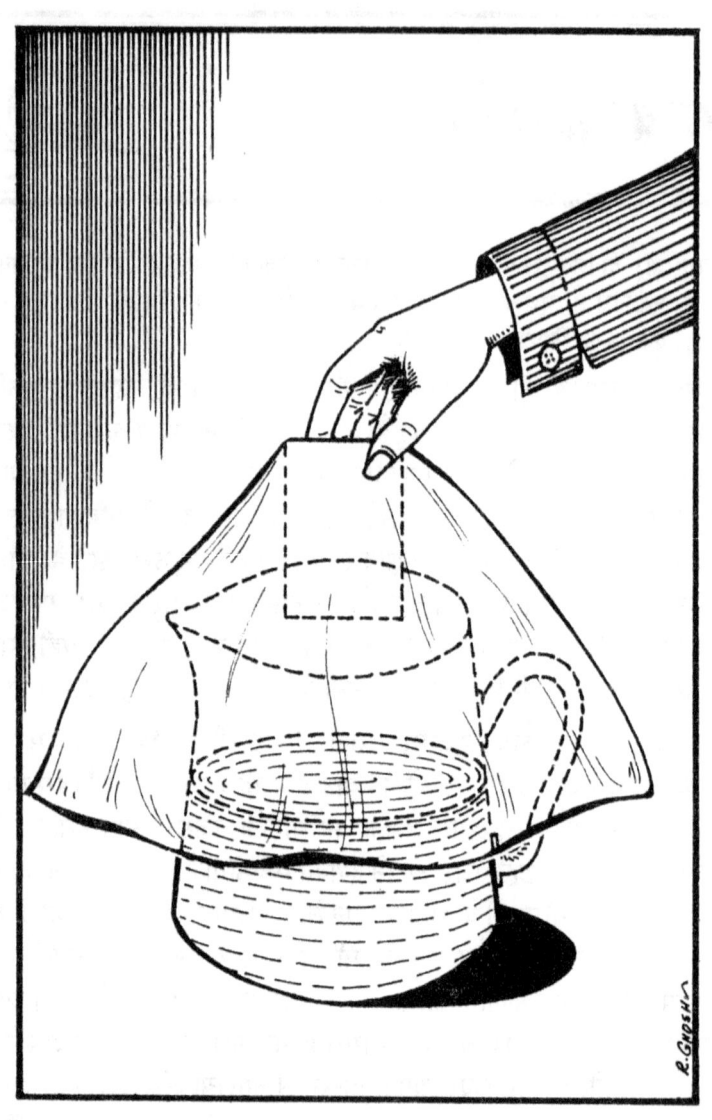

पोटाशियम नाइट्रेट के घोल में भीगी सिगरेट जलाते ही तेजी से जलकर समाप्त हो जाएगी।

अदृश्य पत्ता

50

सामग्री: शीशे का जग, ताश के पत्तों का एक सेट, पारदर्शी प्लास्टिक कार्ड, रुमाल और पानी।

जादू: ताश के पत्तों का अदृश्य हो जाना और अचानक ही जादूगर की जेब से उनका निकल आना बड़ा रोमांचकारी और लोकप्रिय प्रयोग रहा है। कई जादूगरों ने अपने-अपने ढंग से, अलग-अलग रूपों में ऐसे करिश्मे दिखाकर दर्शकों को आकर्षित किया है। इसी तरह की एक रोचक चाल का आधुनिक रूप प्रस्तुत है।

कोई भी एक पत्ता और रुमाल उठाकर दर्शकों को दिखाएं और उन्हें जांचने के लिए दे दें। इतनी देर में पानी से भरा एक जग मेज पर रख दें। अब पत्ता व रुमाल वापस ले लें। पत्ते को रुमाल में रखकर चित्र में दिखाए गए तरीके से पकड़ें। किसी दर्शक को बुलाकर उसे रुमाल सहित पत्ता पकड़ा दें और उसे पानी भरे जग के ऊपर पकड़कर पानी में पत्ता छोड़ देने के लिए कहें। वह पत्ता छोड़ देगा, तब रुमाल हटा लें। झाड़ें। अरे! यह क्या? पत्ता पानी में घुल कैसे गया?

रहस्य: वह पत्ता, जो दर्शक ने पानी में छोड़ा, असल में ताश का पत्ता नहीं था। वह पत्ते के आकार का प्लास्टिक का एक कार्ड था। पानी में वह पारदर्शी कार्ड अदृश्य हो गया और ताश का पत्ता जादूगर की जेब से निकला।

■■

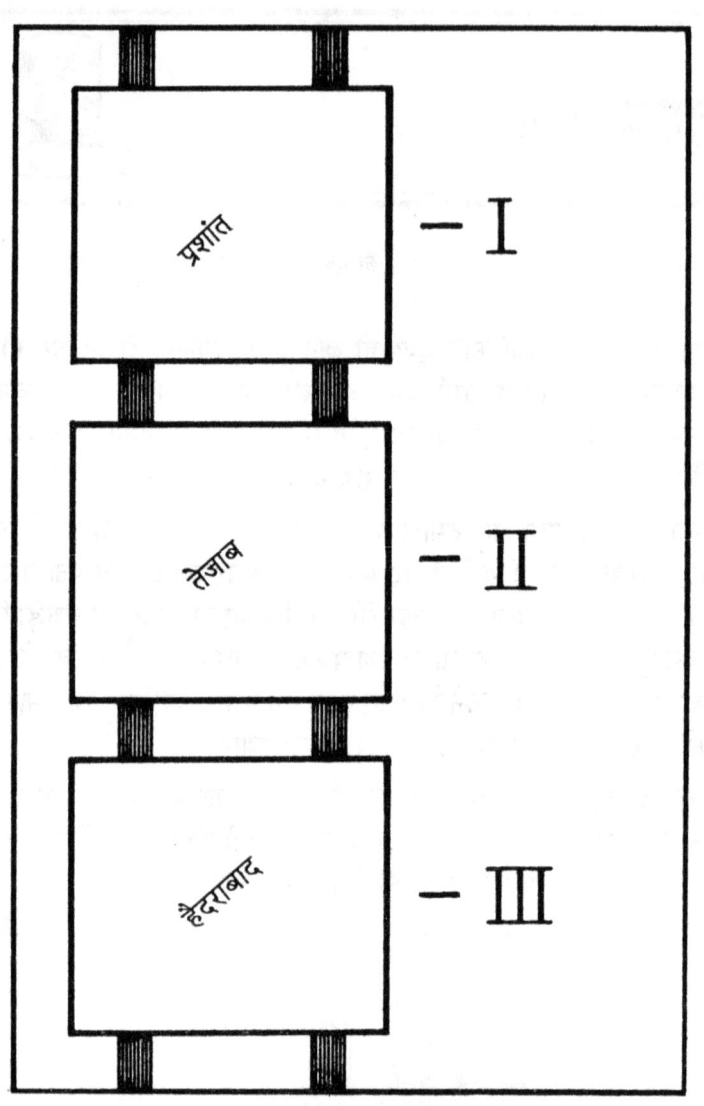

मांड़ (स्टार्च) से लिखा संदेश टिंकचर या आयोडीन लगाने पर काले रंग में दिखने लगेगा।

नाम करे काम

51

सामग्री: कागज के 4-5 टुकड़े, कलम तथा एक गिलास।

जादू: अब हम आपको एक सनसनीखेज चाल सिखाएंगे। देखिए, आप किस तरह अपने दर्शकों पर छा जाएंगे। वे आपको दाद दिए बिना नहीं रहेंगे।

सर्वप्रथम एलान कीजिए कि आप 'टेलीपैथी' में माहिर होने के कारण गुप्त संचार के जरिये अपनी बात दूसरे व्यक्ति तक पहुंचा सकते हैं और इसी प्रकार उनकी बात जान भी सकते हैं। दर्शकों में से किन्हीं तीन दर्शकों को बुलाइए और कहिए, "देखिए जनाब, आपको कुछ नाम सोचने होंगे। जैसे ही आप नाम सोचेंगे, आपकी आंखों से उठती तरंगों द्वारा मैं वह नाम जान जाऊंगा और कागज पर लिखकर इस गिलास में डालूंगा। जब आप नाम बताएंगे तो आप जान पाएंगे कि कागज पर लिखा नाम सही है।"

सबसे पहले एक दर्शक से कहें कि वह अपनी मर्जी से किसी भी फिल्म का नाम सोचे। पूछिए, "सोच लिया?" वह "हां" कहेगा। तब उसकी आंखों में झांकिए, मानो एकाग्रता से आप उसका मस्तिष्क पढ़ रहे हैं। अब कागज पर लिखिए, तह करके गिलास में डालिए। फिर दूसरे व तीसरे से भी इसी प्रकार पूछिए। अन्त में गिलास से पर्चियां निकालकर पकड़ा दें। दर्शक दंग! तीनों नाम आपने सही पहचाने। आप सचमुच टेलीपैथी में माहिर हैं।

रहस्य: इस करिश्मे के लिए बुलाए गए तीन दर्शकों में से एक आपका निकट मित्र होगा, जो इस रहस्य में आपका सहभागी होगा। इसे आप खेल आरंभ होने से पूर्व ही बता चुके होंगे कि उसे कौन-सा नाम चुनना होगा। माना कि आपने उसे 'प्रशान्त' नाम दिया है। यह मित्र 'प्रशान्त' नाम तब लेगा, जब उसकी बारी आएगी।

सर्वप्रथम एक दर्शक से कहिए कि वह किसी फिल्म का नाम सोचे (यह दर्शक आपका सहभागी नहीं होगा)। जब वह नाम सोच लेगा, तो आप उसकी आंखों में झांकने का नाटक करेंगे और कागज पर लिखेंगे 'प्रशान्त'। कागज तह करके गिलास में रखेंगे। अब उससे पूछिए, "क्या नाम सोचा था?" फर्ज कीजिए वह कहेगा,

"तेजाब"। थोड़ा मुस्कराइए, गर्दन हिलाइए, मानो आपने सही पहचान कर कागज पर पहले ही यह लिखा हुआ है। दूसरे दर्शक से कहिए, "आप किसी शहर का नाम सोचिए।" फिर वही नाटक - आंखों में झांकने का। तब तक कागज पर लिखिए, 'तेजाब'। तह करके कागज गिलास में। अब पूछिए, "कौन-से शहर का नाम था आपका?" वह कहेगा, "हैदराबाद"। फिर मुस्कराहट, मानो आप पहचान गए हों। तीसरे से कहिए, "किसी मित्र का नाम सोचो।" अब इसकी आंखों में झांकिए। कागज पर लिखिए, 'हैदराबाद'। लिखने व कागज गिलास में डालने के बाद पूछिए, "कौन-सा नाम सोचा था?" वह कहेगा "प्रशान्त"। मुस्कराकर गिलास उठाइए। कागज की पर्चियां किसी से भी पढ़वाएं, नाम सही हैं। तब लोग वाहवाही किए बिना नहीं रहेंगे।

परन्तु सावधान रहिए, आपका मित्र आखिरी क्षण में वही नाम बताने का अपना इरादा न बदल दे।

■ ■

जादूगरी के कुछ नियम-विनियम

जादूगर पेशेवर हो या शौकिया, नियमों का पालन करना सबके लिए अत्याव- श्यक है। यहां मैं कुछ ऐसे नियम बताऊंगा तथा उन मुद्दों पर प्रकाश डालूंगा, जो मैंने अपने निजी अनुभव से सीखे हैं तथा कुछ मैंने अपने बड़े जादूगरों से ग्रहण किए हैं। मुझे विश्वास है कि जादू में अभिरुचि रखने वाले लोगों के लिए ये नियम लाभप्रद सिद्ध होंगे।

विदेशों में जादूगरी पर हजारों पुस्तकें उपलब्ध हैं। पिछले कुछ वर्षों से कई युवक-युवतियां जादू सीख रहे हैं। उनमें से अधिकांश जादू के खेल दिखाते भी हैं, लेकिन हमारे देश में जादूगरी पर बहुत कम पुस्तकें उपलब्ध हैं। जो थोड़ी बहुत हैं भी, उनमें से अधिकतर 'तंत्र-मंत्र', 'जादू-टोना' तथा इसी प्रकार की बेतुकी बातों से संबंधित हैं। जादूगरी पर कुछ नायाब पुस्तकें प्रो. पी.सी. सरकार (सीनियर) द्वारा लिखी गईं हैं, जो बंगला भाषा में उपलब्ध हैं।

मेरी पुस्तक 'मैजिक फॉर फन' पढ़ने के पश्चात् लगभग 200 बेरोजगार व्यक्तियों ने जादू को पेशे के रूप में अपनाया है। उनके लिए जादूगरी जीविका अर्जन का साधन बन गया है। उनमें से कई मेरे पास आए और उन्होंने अनुरोध किया कि मैं उन्हें कुछ ऐसे नुस्खे सिखाऊं, जो उनके लिए काम के हों। जैसे- आवश्यक सावधानियां, मंच पर होने वाली आम गलतियां, मंच के सिद्धांत, जिनकी ओर ध्यान रखना एक जादूगर के लिए अनिवार्य हो। अपने पाठकों के लिए मैं यहां इस व्यवसाय से सम्बद्ध कुछ महत्त्वपूर्ण नुस्खे दे रहा हूं।

जादूगरी पर पुस्तकें : केवल पुस्तकें पढ़कर कोई जादूगर नहीं बन सकता। जो पढ़ा है, उसे बार-बार के अभ्यास से आत्मसात् करना चाहिए और चालों को बार-बार दोहराना व दिखाना चाहिए। अभ्यास एवं प्रदर्शन शीशे के सामने करना लाभदायक सिद्ध होगा। मेरे विचार से दस चालों का प्रदर्शन करना जादू पर सैकड़ों पुस्तकों के अध्ययन से बेहतर है। साधारणत: जादूगरी की पुस्तकों में सरलता से सीखी एवं की जाने वाली चालों का वर्णन होता है, परन्तु प्रदर्शन के समय हम इन चालों में कई परिवर्तन कर सकते हैं और विविध सुधार भी ला सकते हैं। कई बार तो एक सीखी हुई चाल प्रदर्शन करते-करते इतनी बदल जाती है कि पुस्तक लिखने वाला स्वयं उसे पहचान नहीं पाता। फिर, अभ्यास करते-करते जादूगर निपुणता भी हासिल कर लेता है। अच्छा अभ्यास कर लेने के पश्चात् पहले बच्चों के समक्ष अपने करिश्मे दिखाइए, क्योंकि बच्चे सच्चे और ईमानदार निर्णायक होते हैं। कोई भी कमी या गलती हो, वे झट से बेझिझक टोक उठते हैं, जबकि वयस्क लोग ऐसा करने से झिझकते हैं।

मंच की सजावट : जादू के नाम से ही लोग रोमांचित हो जाते हैं और कुछ अद्भुत देखने-सुनने की आकांक्षा लेकर खेल देखने के लिए जाते हैं। पर्दा हटते ही मंच पर जादू की चीजों से सजी मेज रखी हो, मेजपोश, खेल के लिए आवश्यक चीजें, सब कुछ करीने से सजाई गई हों, जादूगर का नाम मेज पर लगा हो, तो आकर्षक लगता है। मेज पर वस्तुएं कार्यक्रम की कार्यसूची के अनुसार रखीं हों, तो जादूगर को सुविधा रहती है। यदि चीजें दूर अथवा पीछे रखी होंगी, तो जादूगर को बार-बार आगे-पीछे जाना पड़ेगा, जिससे प्रदर्शन पर खराब प्रभाव पड़ेगा।

जादूगर के साथ पर्याप्त सहयोगी या सहायक हों, तो खेल प्रभावशाली लगता है। अधिक सहायक या सहयोगी होने से गड़बड़ी

भी हो सकती है। किसी भी हाल में मंच पर एक समय में तीन से अधिक व्यक्ति न हों। जादू के खेल में प्रयुक्त होने वाली वस्तुएं गहरे-चमकीले रंगों की हों, तो आकर्षक लगती हैं। ये चीजें साफ-सुथरी भी होनी चाहिए।

जादूगरी की पोशाक : जादूगर को अपने 'शो' वाले दिन पूरी बांहों की सफेद कमीज, सफेद पैन्ट, काला कोट तथा काली 'बो' टाई पहननी चाहिए। जूते भी काले हों, कमीज पैन्ट में खोंसी हुई हो। इस पोशाक के बिना मंच पर आना अच्छा नहीं। सोच लें, यदि कोई जादूगर चप्पलें पहनकर या विचित्र-सी हैट पहनकर स्टेज पर आए, तो कैसा हास्यास्पद लगेगा। ऐसी 'फैन्सी ड्रेस' उसके कारनामों को प्रभावहीन बना देगी। प्रो. पी.सी. सरकार की भांति 'महाराजा' की पोशाक भी पहनी जा सकती है, परन्तु लम्बे व्यक्ति पर यह पोशाक खास जंचती नहीं है। यदि छोटे कद के व्यक्ति ऊंची पगड़ी पहनें, तो लम्बे लगते हैं।

जादू का 'शो' : जादूगर के लिए सबसे महत्त्वपूर्ण है आत्मविश्वास। उसे मंच पर सामने आने का भय मन से निकाल देना चाहिए और मंच के शिष्टाचारों का पालन करना चाहिए। यह आवश्यक है, क्योंकि जादू मायाजाल है। इसमें वस्तुओं को अदृश्य या प्रगट किए जाने का भ्रम पैदा किया जाता है, जबकि वस्तुएं केवल आपके समक्ष उपस्थित या अनुपस्थित होती हैं। एक तरह से यह मनोरंजन के लिए आंखों को धोखा देने का कौशल है (परन्तु हत्या करना या पैसे लूटने के लिए धोखा देना जादू नहीं, बल्कि अपराध है। इसके विपरीत आंखों को भ्रम में डालकर मनोरंजन करना जादू की विशेषता है।) इसे 'गुमराह करना' भी कहते हैं। आत्मविश्वास से अपने करिश्मे दिखाने वाला जादूगर बेझिझक काम करता है और दर्शकों को बांधे रखता है। आत्मविश्वास आता है अभ्यास एवं अनुभव से।

पहली पेशकश : पहली चाल प्रेक्षणीय, सम्मोहक एवं तेज हो।

इससे दर्शकों का मन जीता जा सकता है। यदि पहली चाल ही धीमी और अरुचिकर हो, तो दर्शक निराश हो जाता है। जॉर्ज ऑलिस्टन नामक एक जादूगर अपना खेल एक ऐसी चाल से आरम्भ करते थे, जो थी तो दिलचस्प, पर बहुत धीमी थी। वह एक गत्ते पर खरगोश का चित्र बनाते, उसमें रंग भरते, उसे सजाते और फिर अचानक गायब कर देते। यह चाल दर्शकों को ऊबा देती थी। अतः अधिकांश दर्शक उनके 'शो' में आधा घंटा देर से आते थे, ताकि इस 'इन्तजार' से वे बच सकें। इस प्रकार बैठे रहना और प्रतीक्षा करना बड़ा नीरस माहौल पैदा कर देता है। इसके विपरीत मेलबोर्न क्रिस्टोफर की पहली चाल ही इतनी तेज और रोमांचकारी होती थी कि दर्शक खेल शुरू होने से कई घंटे पहले पहुंच जाते थे, ताकि कुछ छूट न जाए। उनका पहला 'आयटम' तो विशेष रूप से रोचक होता था। इनका नाम गिनेस बुक में शीघ्र ही दर्ज हो रहा है। अब तक केवल हूडिनी और पॉल डैनियल के ही नाम इसमें प्रवेश पा सके हैं।

दर्शकों में से स्वेच्छा से आने वाले : दर्शकों के प्रति जादूगर आदरभाव रखे और उनसे मंच पर आने का अनुरोध करे, आज्ञा न दे। दर्शक आपके सहायक या सेवक नहीं हैं। उन्हें नीचा दिखाना, उनका अनादर करना या मजाक उड़ाना अरुचिकर लगता है। यदि आपकी किसी चाल में विनोद की गुंजाइश है, तो अवश्य विनोद कीजिए, परंतु उसमें अपमान का अंश न हो। स्वेच्छा से मंच पर आने वालों का आप मजाक उड़ाएंगे, तो दर्शक आइंदा आपकी सहायता के लिए आने से कतराएंगे। यदि दर्शक स्वयं कुछ भूल करे और दर्शकों में हँसी छूट जाए, तो कोई हर्ज नहीं। उदाहरणतः एक बार मैंने एक प्रेक्षक को मंच पर बुलाकर ताश का एक पत्ता देते हुए कहा, "इसे चेहरा नीचे करके रखो।" उसने पत्ता मेज पर रखा और उसपर अपना सिर झुका दिया। ऐसी घटनाओं से कभी-कभी जादूगर को भी हँसी आ जाती है, परंतु उसे अपनी हँसी को रोकना चाहिए।

सहायकों का प्रशिक्षण : अपने सहायकों को 'शो' से पूर्व अच्छी तरह प्रशिक्षित करें। उन्हें भी अभ्यास करना चाहिए और पता होना चाहिए कि पहले किसे आना है, किस खेल के लिए किस चीज की आवश्यकता होगी, कौन-सी वस्तु कब उठाकर रखनी होगी आदि। आपके सहयोगी भी आपकी भांति चतुर हों और समय पर सूझबूझ से काम कर सकें। वे सचेत रहें और इधर-उधर ध्यान न बंटाएं। आप कोई चाल पेश कर रहे हों, तो भूलकर भी उन्हें आपके सामने आकर बाधक नहीं बनना चाहिए। आप कभी भी मंच छोड़कर सहायक को बुलाने न जाएं। प्रशिक्षण ऐसा हो कि वे आपके पास आएं और आवश्यक वस्तु दे जाएं। आपके सहायकों की चपलता एवं चतुरता पर आपकी सफलता निर्भर करती है। मंद और लापरवाह सहायक आपके 'शो' को मन्द या हास्यास्पद बना देंगे। अपने देश के एक जादूगर के साथ ऐसी ही शर्मनाक घटना घटी। वह जादूगर एक लड़की को मंच से अदृश्य करके उसे उसी क्षण बालकनी में प्रकट करता था। हम जानते थे कि ये दो सहायिकाएं हैं, जो एक जैसी पोशाक पहनकर आती हैं। जैसे ही एक मंच पर अदृश्य होती है, वैसे ही दूसरी प्रकट हो जाती है, परन्तु एक दिन दुर्भाग्यवश पहली के अदृश्य होने से पूर्व ही दूसरी प्रकट हो गई। तब जादूगर को लज्जित होना पड़ा।

सहायक या सहायिका सूझबूझ से काम लें, तो ऐसी घटनाएं टाली जा सकती हैं। हैदराबाद का एक जादूगर 'गर्दन काट देने वाली' चाल चल रहा था। उस दिन दर्शकों में से आया एक दर्शक सूली पर गर्दन रखकर कटवाने की मुद्रा में बैठा था, किंतु जादूगर ऊपर से गिरने वाले तख्ते में से छुरी निकालना भूल गया था। जादूगर का सहायक इस भयानक स्थिति को भांप गया। दर्शक की तरह दिखने वाला वह सहायक तुरन्त मंच पर आया और उसने जादूगर को खुलेआम चुनौती दी कि यही चाल वह दुबारा कर दिखाए। जादूगर चकित रह गया। तभी सहायक ने धीरे से उसे छुरी रह जाने वाली बात बता दी। अगर उसका

सहायक सूझबूझ से काम न लेता, तो आज वह जादूगर जेल की हवा खा रहा होता।

इंग्लैंड की बात है। एक जादूगर ने दर्शकों में बैठे एक बालक को बुलाया और बड़े इत्मीनान से उससे पूछा, "बच्चे, क्या तुमने मुझे पहले कभी देखा है?" बच्चा तुरन्त बोला, "नहीं, पिता जी!" जादूगर को चाहिए कि अपने सहायकों को इस प्रकार प्रशिक्षित करें कि ऐसी गलतियां न हों।

विभिन्न खेल एवं चालें : खेल आरम्भ करने से पूर्व उस दिन जो भी चालें दिखानी हों, उनकी सूची बना लीजिए और उसी के अनुसार चलें। चालों के विषय में निर्णय लेते समय कोई व्यवस्था कायम रखें। जैसे - यदि अखबार संबंधी दो-चार चालें हों, तो उन्हें एक के बाद एक मत आने दीजिए, बल्कि बीच-बीच में अन्य खेल दिखाकर उन चालों को अन्तर से दिखाइए।

भाषा और उच्चारण : भाषा के प्रति जादूगर को विशेष सावधान रहना चाहिए। आपकी भाषण कला भले ही अच्छी हो, मगर उच्चारण दोषपूर्ण हो और स्वर धीमा हो, तो दर्शक जादूगर की बात समझ नहीं पाएंगे और निराश होंगे। कुछ जादूगर वैसे तो बातचीत में माहिर होते हैं, पर मंच पर आते ही उनकी जबान बन्द हो जाती है। मंच का आतंक उनके चेहरे पर साफ झलकता है। अतः बार-बार अभ्यास करके संभाषण कला सुधारना आवश्यक है।

यदि दर्शकों में से कोई उत्तेजित करने वाली बात भी कह दे, तो आपको उत्तेजित नहीं होना चाहिए। इसी प्रकार आपत्तिजनक बात भी नहीं कहनी चाहिए, न ही ऐसी भाषा का प्रयोग करना चाहिए। दर्शकों की कटु बात का उत्तर चतुरता और सहजता से दें, जिसमें थोड़ा विनोद भी हो। इससे वातावरण हल्का हो जाएगा। उनके स्तर पर न उतरें, जो उत्तेजित करने का प्रयत्न कर रहे हों।

एक बार मुझे एक विश्वविद्यालय के प्रांगण में खुले मंच पर अपना जादू दिखाना था। मेरे कई मित्रों एवं हितैषियों ने सलाह दी कि वह स्थान किसी 'शो' के लिए उपयुक्त नहीं है। अतः मैं अपना कार्यक्रम स्थगित कर दूं, परंतु मैंने इसे एक चुनौती के रूप में स्वीकार किया। जैसे ही मैंने खेल आरम्भ किया, दर्शकों की ओर से बिल्ली, कुत्तों की आवाजें, मुर्गे की बांगें आनी आरम्भ हो गईं। कुछ देर तो मैंने उन्हें मनमानी करने दी। फिर कहा, "हमारे जादुई खेलों में ऐसी बांगें और बिल्ली की आवाजें आना कोई नई बात नहीं , क्योंकि जादू-टोना, झाड़- फूंक वाले हमारे कुछ विरोधी तत्त्व इन दुरात्माओं को हमें तंग करने के लिए भेज देते हैं। ये दुरात्माएं भोले-भाले लोगों के मस्तिष्क पर छा जाती हैं और कमजोर बुद्धि के लोग इनके प्रभाव में आकर आवाजें निकालते हैं, पर आप चिन्ता न करें। इन दुरात्माओं को निकाल भगाने का प्रयास करें और स्वयं को इनसे दूर रखें!"

बस, यह कहना था कि आवाजें आनी बन्द हो गईं। मैंने साढ़े तीन घंटे तक खेल दिखाए। दर्शकों ने भी बड़ी अच्छी तरह साथ निभाया। मेरा जादुई प्रयोग सफल रहा।

दुर्घटना होने पर : कभी-कभी चालों के दौरान छोटी-मोटी दुर्घटनाएं या गलतियां हो जाती हैं। ऐसी परिस्थिति में निराश और हताश होकर अपना मन खराब कर लेना या अपने अगले खेलों को उत्साहहीन बना देने से बेहतर है कि गलतियों को वहीं भूल जाएं और अगली चाल को जी-जान से सफल बनाएं। यदि किसी भूल को आप सूझबूझ से विनोद में बदल दें, तो भूल भूल नहीं रहती, हँसी में घुल जाती है। प्रसिद्ध जादूगर अलेक्जेंडर हरमॅन के हाथ से एक चाल के दौरान अंडा गिर गया। वह अंडा लकड़ी का बना था। अतः टूटा नहीं, बल्कि आवाज के साथ गिरा और लुढ़कता चला गया। इससे पहले कि दर्शक इस घटना का मजाक उड़ाते, जादूगर हरमॅन ने बात संभाल ली और मुस्कराकर

कहा, "यह जंगली मुर्गी का अंडा है, जो गिरने पर भी सरलता से नहीं टूटता।" दर्शकों ने जादूगर की सूझबूझ की दाद दी। हॉल हँसी से गूंज उठा।

इसी प्रकार दिल्ली के जादूगर प्रो. करुणा शंकर अपनी एक चाल दिखा रहे थे, जिसमें छोटे थैले में बंद किया गया कबूतर गायब हो जाता है। इत्तफाक से उस दिन कबूतर थैली के खुले भाग से निकल गया और फुर्र से उड़ गया। कोई और कच्चा खिलाड़ी होता, तो हतप्रभ रह जाता पर करुणा शंकर ने चतुराई से बात संभाल ली और बोले, "मुझे पता था कि ऐसा ही कुछ होगा, क्योंकि यह कबूतर मेरी सासजी का है। मुझे देने से पहले उन्होंने इसके कान में कुछ कहा था। देखा उसका परिणाम?" दर्शक हँस पड़े। इस प्रकार कभी-कभी चतुराई से कठिन एवं नाजुक परिस्थिति से निकला जा सकता है। ऐसी चालें सीखने के लिए दूसरे जादूगरों को देखिए, उनकी वाक्-चतुरता का अध्ययन कीजिए। अपने मित्रों से कहिए कि वे आपकी कमियां बेझिझक बताएं। अनुभवी एवं बड़े लोगों से सलाह लें तथा तदनुसार सुधार लाएं।

दूसरों की चालों की आलोचना : अपने 'शो' के दौरान किसी अन्य जादूगर की चालों की आलोचना करना अपनी लोकप्रियता के लिए घातक है। इससे दर्शक के मन से आपकी छवि धूमिल हो जाएगी। इसी प्रकार ऐसी कोई बात न कहें, जो लोगों की धार्मिक भावनाओं को ठेस पहुंचाए। धर्म, देवता, व्यक्ति, जाति आदि विषयों को मत छेड़िए। आपके खेलों का उद्देश्य मनोरंजन करना है, आलोचना करना नहीं।

आशातीत सफलता : एक बार अपने काम में कुशलता हासिल कर लेने के बाद आप पाएंगे कि कभी-कभी सफलता अनायास ही आकर आपके कदम चूम रही है। ये कुछ अनपेक्षित आनन्ददायक क्षण होते हैं, जिनका संबंध आपके कौशल्य से नहीं, सौभाग्य से होता है। एक बार सिंगापुर के जादूगर पाई सेक लियांग के साथ बड़ी रोचक घटना

घटी। वह अपने देश के राष्ट्रपति के समक्ष कुछ चालें दिखा रहे थे। उनमें से एक ताश की चाल थी। राष्ट्रपति के समक्ष उन्होंने ताश का सेट रखा। जब तक राष्ट्रपति एक पत्ते पर गौर करके उसे याद रख रहे थे, तब तक जादूगर को उसके साथ के पत्ते पर नजर रखकर उसे ध्यान में रखना था, पर संयोगवश जादूगर पत्ते पर ध्यान देना भूल गया। पत्ते का सेट हाथ में आया, तो फेंटते समय उसे अपनी भूल का एहसास हुआ। वह उलझन में पड़ गया कि अब क्या करे, कैसे करिश्मा दिखाए। तभी फेंटते-फेंटते पत्ते का सेट हाथ से छूटकर गिर गया। पल-भर में राष्ट्रपति उठ खड़े हुए और उसे बधाई देने लगे। जादूगर ने देखा कि सब पत्ते उल्टे पड़े थे, केवल एक पत्ता सीधा पड़ा था। यही राष्ट्रपति का पत्ता था। अपने भाग्य का पलटा पासा देखकर जादूगर अवाक् रह गया।

ऐसी ही घटना एक बार मेरे साथ हुई। हैदराबाद में एक बड़े कारखाने में मुझे अपना कार्यक्रम दिखाना था। मैं वहां पहुंचा, तो देखता हूं कि प्रबंधक के कमरे के समक्ष भीड़ खड़ी है। मुझे देखते ही किसी ने कहा, ''चलो, जादूगर आ गए हैं। शायद वह हमारी मदद कर सकें।''

बात यह थी कि प्रबंधक की अलमारी की चाबी खो गई थी और दूसरी चाबी से प्रयत्न करने पर भी अलमारी खुल नहीं रही थी। उन्होंने मुझसे कहा कि मैं अलमारी खोल दूं। मैं भला क्या कर सकता था? फिर भी मैंने हैंडल पर हाथ रखा। आश्चर्य! जैसे ही मैंने हैंडल नीचे की ओर किया, वैसे ही अलमारी खुल गई। मैं आश्चर्य में पड़ गया। लोग भी अवाक् होकर देखते रहे। वास्तव में लोगों के प्रयत्न से अलमारी का ताला शायद आधा खुल गया था और मेरे प्रयासमात्र से वह पूरी तरह खुल गया। चाहे जो हो, इस घटना ने मेरा नाम रोशन कर दिया। इस प्रकार के सौभाग्यपूर्ण क्षण मेरे जीवन में कई बार आए हैं।

अंतत: एक बात को सदैव ध्यान में रखिए - आप देखने में चाहे जैसे भी हों, मगर यह याद रखें कि आप एक अच्छे जादूगर हैं और यही

आपका सबसे बड़ा गुण है। आपका रूप-रंग व व्यक्तित्व चाहे जैसा भी हो - गोरा-चिट्टा, काला, खूबसूरत या साधारण-आपका आत्मविश्वास अडिग होना चाहिए। इसी आत्म-बल के साथ अपने करिश्मे दिखाइए। अन्य जादूगरों के उदाहरणों से पाठ सीखिए। जर्मनी के जादूगर मेधम् बाशिंगर के दोनों हाथ नहीं थे। परंतु अपनी वाक्पटुता और पांव से किए करिश्मों के कारण वह बहुत लोकप्रिय हुए। जोजेफ जैनो बौने थे। फिर भी उन्होंने जादू के क्षेत्र में कीर्तिमान स्थापित किया। उन्होंने अपने शारीरिक रूप या व्यक्तित्व से नहीं, बल्कि आत्मविश्वास से ख्याति पाई। आप भी अपने आप में विश्वास रखिए, अन्य जादूगर भाइयों का आदर कीजिए और ओछी राजनीति से दूर रहिए। जो लोग आपको छींटा-कसी की दलदल की ओर ले जाने का प्रयत्न कर रहे हों, उनसे चार हाथ दूर ही रहिए। अपने गुणों का विकास कीजिए। वे ही आपकी पूंजी हैं।

आपके कई शुभचिंतक होंगे, जो इस क्षेत्र में आपके विकास में अपना योगदान देने के लिए तत्पर होंगे। इनमें से एक मैं भी हूं यह याद रखिए।

- लेखक

www.ingramcontent.com/pod-product-compliance
Lightning Source LLC
Chambersburg PA
CBHW070517100426
42743CB00010B/1843
* 9 7 8 9 3 8 1 4 4 8 0 6 9 *